Von Krisen, Crashs und Spekulanten

Eine kleine Geschichte von Gier und Panik in der
Edition BoD

hrsg. von Vito von Eichborn

Carsten
Priebe

Von Krisen, Crashs und Spekulanten

Die dramatische und lehrreiche Geschichte
vom Auf und Ab in der Welt der Aktien
bis zum großen Börsen-Crash 1929

Edition BoD

Dr. Carsten Priebe, geboren 1967 in Karlsruhe, befasste sich bereits während seines Studiums der Volkswirtschaftslehre mit Technikgeschichte. Noch während seiner Ausbildung an der Universität Karlsruhe veröffentlichte er sein erstes Buch über die Pioniere der Automobilentwicklung. Nach dem Studium arbeitete er als Finanzjournalist, zog 1999 in die Schweiz, wo er als Wirtschafts- und Finanzredaktor in leitenden Funktionen für verschiedene Publikationen tätig war. Für seine Arbeit wurde er 2002 mit einem Ehrenpreis ausgezeichnet. Inzwischen wechselte er in die Finanzdienstleistungsbranche und beschäftigt sich in seiner Freizeit gerne mit historischen Themen. Carsten Priebe lebt heute in einem Dorf außerhalb Zürichs.

Vito von Eichborn war Journalist, dann Lektor im S. Fischer Verlag, bevor er 1980 den Eichborn Verlag gründete, dessen Programm noch heute ein breites Spektrum umfasst: Humor, Kochbücher und Ratgeber, Sachbücher aller Art, klassische und moderne Literatur sowie die Andere Bibliothek. Nach seinem Ausstieg im Jahre 1995 war er u.a. Geschäftsführer bei Rotbuch / Europäische Verlagsanstalt und sechs Jahre Verleger des Europa-Verlags. Seit 2005 ist Vito von Eichborn selbständig als Publizist tätig und fungiert u.a. seit März 2006 als Herausgeber der Edition BoD. Weitere Informationen unter www.vitolibri.de.

*Besonderer Dank gilt Vito von Eichborn und BoD,
die das Buch ermöglicht haben.*

Meine Buchhändlerin sagte mir: »Ja«, sagte sie ...

Ja, ein Buch über die historischen Crashs an der Börse kann gute Chancen haben – wenn es über die chronologische Schilderung der Ereignisse hinausgeht, vor allem wenn es nicht mit großem Zeigefinger aufklären will oder dumme So-werde-ich-reich-Tipps gibt, sondern sachlich bleibt.«

»Das trifft den Nagel auf den Kopf. Priebe macht etwas, was ich so noch nirgends gesehen habe – er schildert die Abläufe entlang an einer Fülle von konkreten Zahlen, vom Index bis zu Einzelaktien ...«

»Oje«, fiel mir meine Buchhändlerin ins Wort, wie sie das immer macht, »viele Zahlen? Macht der Finanzmathematik? Kapiert man das als durchschnittlicher Nicht-Profi?«

»Aber klar, das Verstehen ist kein Problem. Zugegeben, so im Einzelnen will man die Kurse, Firmen und Umsätze manchmal nicht wissen. Entscheidend aber ist, dass der Autor sich nicht wie so viele Bücher in allgemeinen Tendenzen und Interpretationen bewegt. Die Kursnotierungen werden gewissermaßen indirekt anschaulich, auch die Zusammenhänge von Autos und Öl, Nahrungsmitteln und Bankaktien, der Spekulation auf zum Beispiel Radios in Autos von General Motors und ...«

»O, das klingt praktisch und reizvoll«, fuhr sie mir wieder dazwischen, »waren denn damals auch die Banken so im Mittelpunkt? Und erfährt man auch die Entwicklung bis zum Börsensturz?«

»Er beginnt mit der Gründung der New Yorker Börse, führt über das Aufkommen der großen Banken und den unglaublichen Aufstieg der Eisenbahnaktien aus und die großen Spekulanten in den 70er Jahren bis zur Gründung des Dow-

Jones-Index. Schon im 19. Jahrhundert gab es immer wieder heftige Kurseinbrüche, und mit allen Mitteln wurde an der Börse gezockt.

Nach dem Ersten Weltkrieg stiegen die USA zur Weltmacht auf, Öl- und Autoaktien wurden neben Versorgern und Einzelhandel immer wichtiger. In diesem Ausnahmejahr 1929 änderte sich vieles durch Investment Trusts, und die Börsenzulassungen stiegen auf nie gekannte Höhen. Wie bei uns vor der Internetblase wurden maßlos neue Hoffnungen gehandelt.«

Ich holte Luft. Meine Buchhändlerin unterbrach mich nicht, sie hatte so einen angespannten Gesichtsausdruck – offensichtlich Feuer gefangen. Um sie später nicht zu enttäuschen, fuhr ich fort:

»Heute geht ja vieles über 1929 neu durch die Medien, und oft heißt es, wir könnten für unsere aktuelle Finanzkatastrophe von damals lernen. Dieses Büchlein ist seriös – nein, wer hofft, allgemein für Börsenanlagen oder gar für sein eigenes Portemonnaie Ratschläge zu finden, wird enttäuscht. Aber dennoch ist es lehrreich, sich die Zusammenhänge von damals vor Augen zu führen.«

»Und was war nun der Kern des Problems, gewissermaßen der Auslöser?«

»Da kam vieles zusammen. Zentral war sicherlich auch, dass der überwiegende Teil der Aktienkäufe mit geliehenem Geld vorgenommen wurde. Da alles so bravourös aufwärtsging, wurden alle Warnzeichen übersehen, Gier und Euphorie führten zu immer umfangreicheren Spekulationen. Hier werden auch eine Reihe von künstlich aufgeblasenen Firmenimperien und große Konkurse geschildert. Auch in Berlin und London wackelten die Börsen, nahmen Krisensymptome zu. Kurzum: Der Zusammenbruch ab dem Schwarzen Freitag und danach war gewaltig. Panik und Hysterie beherrschten nun die Börsen. 90 Prozent der Aktienwerte gingen verloren, und …«

Ich brach ab, denn meine Buchhändlerin hörte nicht mehr zu, hatte mir das Buch aus der Hand genommen, las darin quer und meinte: »Das ist ja wirklich erstaunlich. Offensichtlich bringt der Autor einerseits viele Details, andererseits handelt er das gesamte Börsengeschehen und seine Geschichte auf so wenigen Seiten ab. Endlich mal nicht ein so dicker wie unverständlicher Fachwälzer, ja, dafür kenne ich eine Reihe von Kunden ...«

Nun brach sie ihrerseits unvermittelt ab und ließ mich stehen, denn die Eingangsglocke hatte geklingelt.

Das kannte ich schon, aber auch dafür schätzte ich ja meine Buchhändlerin: Kunden gingen immer vor.

Auf dem Weg zum Ausgang hörte ich, wie sie diesem erklärte: »... also der Schwarze Freitag damals an der New Yorker Börse hätte ja vorausgesehen werden können. Was gibt es denn heute für Warnzeichen? Es lohnt sich, die Zusammenhänge von damals nachzulesen.«

Eben.

Erhellende Lektüre wünscht

Vito von Eichborn

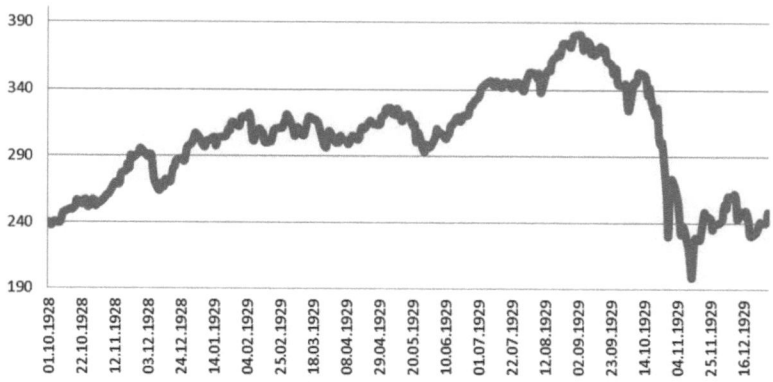

**Dow Jones Industrial Average
vom 1.10.1928 bis 31.12.1929**
(adj. Close)

»*Die jetzige Börsenkrise, die alle bisher da gewesenen in den Schatten stellt, wird vielleicht dereinst als Wendepunkt in der Geschichte der Börsen gelten. Mancher spekulative Gründergeist ist auf der Strecke geblieben, und die Menschheit hat deutlicher denn je zu erfahren bekommen, dass es auch in der neuen Epoche keine mühelosen Gewinne gibt, sondern dass Wohlstand nur durch Arbeit zu erringen ist.*«*

(Tages-Anzeiger, Zürich, 3. November 1929)

Inhaltsverzeichnis

Vorwort

An kaum einem Ort liegen sagenhafte Gewinne und spektakuläre Pleiten so nahe beieinander wie an der Börse. Dieses Spannungsfeld macht seit jeher die Faszination der Börse aus. Ein undurchdringliches Geflecht aus Gerüchten und Meldungen sorgt für die unvergleichliche Atmosphäre der großen Handelsplätze. Bulle und Bär sind zu Symboltieren der Börse geworden. Sie verkörpern einerseits die Marktteilnehmer, die wie Bullen mit ihren Hörnern die Kurse in die Höhe schleudern wollen, und andererseits die Anleger, die gleich Bären mit ihren Tatzen die Kurse nach unten drücken möchten.

An Börsen werden Wertpapiere, Devisen oder Waren gehandelt. Bei den Warenbörsen unterscheidet man wiederum Warenterminbörsen und Produktbörsen. Bis ins 19. Jahrhundert hinein fällt es in den meisten Fällen schwer, eine genaue Differenzierung zu treffen. Erst als die Mechanisierung die Landwirtschaft erfasste und die Industrialisierung den Bedarf an Rohstoffen wachsen ließ, bildete sich eine klare Trennung zwischen Kapital- und Warenbörsen heraus. Dieser Sachverhalt bringt eine grundsätzliche Schwierigkeit für jede Darstellung mit sich, die sich zum Ziel gesetzt hat, einen allgemeinen historischen Abriss der Börsengeschichte zu bieten. Wie in der Literatur üblich werden bis ins 19. Jahrhundert Effekten- und Warenterminbörsen gemeinsam abgehandelt. Danach liegt der Schwerpunkt auf den Effektenbörsen. Neben dem sachlichen Abgrenzungsproblem stellt sich auch die Frage der zeitlichen Eingrenzung. Bei welchem Ereignis der Handelsgeschichte beginnt man und wann endet die Darstellung? Startet man mit dem Handel vor dem Haus des Kaufmanns Ter Beurze in Brügge und endet man mit dem Beginn des elektronischen Handels an der NASDAQ? Oder soll der Internetcrash das Ende der Schilderung bilden? Da der Crash von 1929 zu den markantesten Ereignissen der Börsengeschichte zählt, markiert er den Schlusspunkt dieser Darstellung. Viele Geschäftsgänge der Vergangenheit sind in ihrer Relevanz aus heutiger Sicht nur mit Mühe nachvollziehbar. Jede Börsengeschichte muss sich also auf eine – teils willkürliche – Auswahl beschränken und kann deshalb nur hoffen, nichts Wesentliches ausgelassen zu haben. Die vorliegende Darstellung erhebt deshalb keinen Anspruch auf Vollständigkeit.

Die Anfänge

Ursprünglich waren Börsen nichts anderes als die Orte, an denen sich die Bankiers und Kaufleute trafen, um Geschäfte zu tätigen. Meist geschah dies zu festgelegten Zeiten. Begriffe wie »Wechselplatz« in Lyon, »Loge« in Marseille und »Collegium der Kaufleute« in den Hansestädten waren frühe Synonyme für Börsen.

Der wichtigste Vorläufer der modernen Börse dürfte die Curia Mercatoria im alten Rom gewesen sein. Mitten im Machtzentrum des Römischen Reiches, am südlichen Ende des Forum Romanum, hatten die Bankiers ihren Sitz in der 101 mal 49 Meter messenden Basilica Iulia. Der Innenhof der Basilica war 82 Meter lang und 16 Meter breit. Umgeben war dieser Hof von 7,5 Meter breiten Gängen, über denen sich die Galerien des zweiten Stockwerkes erhoben. In diesem Innenhof trafen sich die Kaufleute, gewerbsmäßigen Handelsvermittler und Auktionatoren Roms. Letztere erhielten für jeden abgeschlossenen Handel eine Marge von einem Prozent.

Hier in der Basilica Iulia wurde Geld gewechselt, Kredite wurden vergeben und Anteile an den Besitztümern des römischen Rittertums gehandelt. Diese waren gewissermaßen Vorläufer moderner Aktiengesellschaften. Ganze Ländereien, Städte und Provinzen konnten so den Besitzer wechseln. Zirkusspiele, Legionen und Feldzüge wurden von den Händlern in der Basilica Iulia finanziert. Die Bank des Griechen Herodes Atticus (eigentlich: Lucius Vibullius Tiberius Claudius Atticus; 101-177 n. Chr.) hatte Filialen in allen wichtigen Städten des Reiches. Er sanierte Siedlungen, baute Stadien, wurde römischer Konsul und schließlich Erzieher der römischen Kaiser Marcus Aurelius (121-180) und Lucius Verus. Auf den Treppenstufen der Basilica entdeckten Archäologen eingeritzte Felder für das Damespiel;

allerdings dürften die Felder nicht nur dem Spiel, sondern vielmehr der Berechnung von Guthaben und Schulden gedient haben – selbst Robert der Teufel (1000?-1035) und Adam Ries (1492/3-1559) nutzen noch solche Rechenbretter[1].

Mit dem Untergang des römischen Imperiums vollzog sich auch der Niedergang des ausgefeilten Finanzsystems Roms. Im Jahr 260 erreichte die Inflation ein solches Ausmaß, dass sich die Geldwechsler weigerten, römische Münzen anzunehmen. Sie wurden jedoch mit Gewalt dazu gezwungen, obwohl der Staat selbst seine Steuern in Edelmetall entrichtet haben wollte. Es dauerte Jahrhunderte, bis sich das Finanzwesen so weit entwickelt hatte, dass es wieder den Stand wie unter den großen Caesaren hatte. Erst 1111 soll es in der Republik Lucca bei der St. Martins Kirche regelmäßige Tauschbörsen gegeben haben, bei denen Geldwechsler und Kaufleute zusammentrafen. Wenige Jahre später, 1138, wurde ein Handelsplatz in Paris als La Bourse bezeichnet. Rund hundert Jahre später, nämlich seit mindestens 1249 werden in Belgien rege die »lettres de foire« (Messebriefe) gehandelt. Sie stellen als Vorläufer des Wechsels Inhaberschuldverschreibungen dar.

Im flandrischen Brügge sollen die Wurzeln der modernen Börsen liegen. Wenige hundert Meter von den Markthallen der mittelalterlichen Stadt und nah bei den Kanälen ist seit 1276 das Haus des Geldwechslers Ter Beurze verbürgt. Vor seinem Kontor sollen sich die Händler aus aller Welt für ihre Wechselgeschäfte getroffen haben, vor allem Tuchhändler aus Italien. Limnaeus[2] führte den Namen unserer Börse auf den Brügger Kaufmann zurück, an dessen Haus das Wappen mit drei Geldbeuteln über

---

[1] So sind beispielsweise auch der Cheque und das Amt des Exchequers vom Namen des Schachbretts hergeleitet, das auch als Rechenbrett Verwendung fand.

[2] Johannes Limnaeus (1592-1663); weit gereister Offizier und Gelehrter.

der Tür angebracht war. Ihre Wechsel sollen die Händler in ledernen Geldbörsen, der Bursa, mitgeführt haben. Und in der alten burgundischen Sprache hießen diese Geldsäcke eben Bourse.[3] Auch italienische Finanziers ließen sich in Brügge nieder, so etwa die Peruzzi. Frescobaldi, Bardi Gualterotti, Salvati, Strozzi und Mozzi waren die Namen der anderen führenden Handelshäuser aus Florenz, die ihre Agenten durch ganz Europa und auch nach Brügge schickten. Ab 1309 soll in Brügge ein regelmäßiger Börsenhandel abgehandelt worden sein. Sicher ist, dass sich um 1505 die Händler in der Vlaemschestraat vor dem Haus des Hendrik van der Beurse zum Geschäft getroffen haben. Bereits 1460 existierte eine Börse in Antwerpen und 1462 wurde die Börse von Lyon gegründet. 1472 begann in Leipzig der Handel mit Kuxen[4] auf Silbergruben in Schneeberg.

Der Meisterspion und Schmugglerkönig

1531 wurde in Antwerpen ein großes Börsengebäude für den regelmäßigen Handel eröffnet. Eine doppelte Arkadenreihe der mehrstöckigen Begrenzungsgebäude umlief einen viereckigen Hof. Als weithin sichtbares Zeichen schmückten zwei Türme den Gebäudekomplex. Auf einem der Türme war

---

3 Mit »Bursa« wurde auch die ständige Residenz von Fremden in einer Stadt oder auch die Herberge beziehungsweise der Zusammenkunftsort fremder Kaufleute bezeichnet, an dem diese außerhalb der Markt- oder Messezeiten Handel untereinander trieben. Auch die Herberge oder der Zusammenschluss der so genannten »Junggesellen«, die sich auf Kriegs- oder Kauffahrt begeben hatten, wurde so genannt. Der Begriff soll noch auf das Wikingerrecht zurückgehen und wurde schließlich von der Hanse übernommen. (Siehe: Rauers, F.: Hänselbuch. Essen 1936, S. 44)
4 Bergwerksanteile als Vorläufer von Anteilen auf Aktiengesellschaften.

eine vom Hof aus gut sichtbare Sonnenuhr angebracht. Der Wahlspruch: »Wenn du Geld hast, wirst du hier kein Fremder sein«, empfing die Kaufleute aus aller Welt. Unter ihnen war Sir Thomas Gresham (1519?-1579), Spross einer englischen Handelsdynastie, der 1543 in die Niederlande gereist war. Nach seiner Ausbildung in Cambridge arbeitete er als Kaufmann in Antwerpen und Brügge. Er lebte dort zunächst im Hause seines Freundes Gaspar Schetz, einem Kaufmann und Konkurrenten der Fuggers, der im Auftrage Karls V. (1500-1558) handelte. Gresham kam in ein lebhaftes Haus, denn Schetz hatte insgesamt 21 Kinder. In den folgenden zwei Jahren sollte Gresham nicht weniger als 40-mal den Ärmelkanal in Handelsgeschäften überqueren. 1551 kehrte Gresham nach England zurück und wurde Berater der Krone. In dieser Funktion wurde er bald erneut in die Niederlande gesandt. In Antwerpen quartierte er sich wieder im Hause des Bankiers Schetz ein. Gresham konnte von den vielfältigen Kontakten des numismatisch begeisterten Schetz profitieren.

Im Februar 1554 kam es an der Börse von Antwerpen zu einem dramatischen Verfall englischer Werte, da Neuigkeiten über die Rebellion Wyatts, die Kaufleute verunsicherten. Gresham reiste im Mai des Jahres nach Spanien, um frisches Geld für die englische Krone aufzutreiben. Er wurde für einige Monate festgesetzt, bevor er mit der Arbeit beginnen konnte. Dann aber war er nicht zu bremsen: Er nahm so viel Geld auf, dass die älteste Bank Sevillas den Bankrott erklären musste. Gresham errichtete ein umfassendes Spionagenetz, das unter der Regierungszeit Elizabeths (1533-1603) schließlich ganz Europa umfasste. An der Börse von Antwerpen gelang Gresham eine bemerkenswerte Operation. Er ließ sich aus England regelmäßig unauffällige Summen überweisen, für die er an der Börse Gold und Silber kaufte. In geheimen Schmelzöfen wurde das erworbene Gold zu Münzen oder Barren geschmolzen, um es leichter nach England schmuggeln zu können. Da die Ausfuhr der Edelmetalle aus den Niederlanden verboten war, brachte Gresham seinen Schatz heimlich über den Ärmelkanal. Er machte den Behörden üppige Geschenke und so waren die Tore von Gravelines für seine Boten auch des Nachts stets geöffnet. In London wurden anschließend aus den Barren englische Münzen geschlagen. Nach und nach gelang es Gresham auf diese bemerkenswerte Weise, den Wechselkurs des englischen Pfundes um 37,5 Prozent zu steigern! Im Gegenzug exportierte Gresham englische Glocken auf den Kontinent. Gresham rette England damit vor dem Schicksal, das Frankreich 1557 drohte: dem Staatsbankrott.

1558 erlaubte der Rat der Hansestadt Hamburg der 1517 gegründeten Kaufmannsgilde »Gemeiner Kaufmann«, auf dem Platz vor dem Rathaus an der Trostbrücke eine Börse abzuhalten. Der Platz wurde dazu mit einer Mauer abgesperrt, die nur noch drei Zugänge ließ. Zunächst wurden auf diesem freien Platz Kolonialwaren gehandelt. Doch während Hamburg zaghafte Schritte in Richtung einer Börse unternahm, blieb Gresham treibende Kraft an den europäischen Börsen. Er brach sich im Oktober 1560 auf einer Reise in Flandern ein Bein, als er vom Pferd stürzte. Der Unfall hatte zur Folge, dass Gresham zeitlebens teilweise gelähmt blieb. Das nächste Unglück ereilte ihn 1564, als sein einziger Sohn, Robert, im Alter von 22 Jahren starb. Thomas Gresham verfolgte seine geschäftlichen Pläne umso eifriger und diskutierte 1565 mit den Aldermen of London den Plan, eine Börse gleich der in Antwerpen in London zu eröffnen. Das dazu notwendige Kapital sollte durch die Ausgabe von Anteilsscheinen finanziert werden und die Vermietung der Räumlichkeiten eine ansehnliche Rendite einbringen. Von März 1565 bis Oktober 1566 zeichneten 750 Londoner Anteilsscheine zu je 400 Pfund. Der Flämische Baumeister Henrick wurde mit der Aufgabe betraut, die Börse zu bauen. Das neue

Börsengebäude sollte mit Wetterfahnen bestückt werden, die das alte Gresham-Wappen, eine grüne Heuschrecke, zierte. Dieses Wappen prangte bereits am Hause Greshams in der Lombardstreet.

Im April 1569 führte Gresham eine englische Handelsflotte nach Hamburg, denn die Hansestadt hatte durch den spanisch-niederländischen Krieg Antwerpen als führenden Handelsplatz abgelöst. Schneller als erwartet hatte die Hamburger Börse an Bedeutung gewonnen.

Im Herbst 1569 war der zweistöckige Bau der Stock Exchange in London vollendet. Zu einem Innenhof öffneten sich die Arkaden, unter denen die Händler ihr Kontor hatten. Die Statuen englischer Herrscher schmückten die Börse und an ihrem Südende befand sich, wie in den flandrischen Tuchhallen, ein Glockenturm, dessen Spiel die Mittags- und Abendstunde markierte. Anfangs war es sehr schwierig, Mieter für die Ladenlokale im oberen Stockwerk der Stock Exchange zu finden. Gresham erließ ihnen für ein Jahr die Miete und ermunterte sie, ihre Läden zu schmücken und zu beleuchten. Dann streute er das Gerücht, dass Queen Elizabeth (1533-1603) persönlich bei der der Eröffnung der Börse anwesend sein werde. Am Ende war der Druck so groß, dass sich die Herrscherin dem Besuch nicht entziehen konnte – und tatsächlich zog am 22. Januar 1571 Elizabeth mit ihrem adeligen Gefolge in die City, speiste in Greshams neuem Haus an der Bishopsgate und stattete anschließend der Börse einen kurzen Besuch ab. Sie begutachtete die exquisiten Waren der Läden im Obergeschoss und ließ ihre Herolde verkünden, dass das Gebäude von nun an Royal Exchange genannt werden solle und umarmte Gresham öffentlich – eine besondere Ehre für den Kaufmann. Dies war der erhoffte Durchbruch für Gresham, denn von nun an flossen reichlich Mieteinnahmen in seine Taschen. Bald galt die Royal Exchange als *das* Handelszentrum Londons. 1574 verkaufte Gresham sein Haus in Antwerpen für eine Schiffsladung Kochenille, eine aus Schildläusen gewonnene Droge, die auch als Farbstoff dient.

Im gleichen Jahr schloss das königliche Schatzamt die Bücher über die Transaktionen der letzten 14 Jahre mit Gresham. Das Schatzamt kam zu dem Ergebnis, dass Gresham der Krone noch rund 10.000 Pfund schuldete. Gresham seinerseits konterte mit einer Gegenrechnung und stellte dem Schatzamt für entgangene Zinsen über 11.500 Pfund in Rechnung. Das Schatzamt war schockiert, doch der abgebrühte Gresham marschierte zur Königin und setzte seine Forderung trickreich durch.

Am Abend des 21. November 1579, zwischen 17:00 und 18:00 Uhr, kehrte Gresham von seiner geliebten Börse nach Hause zurück. In seiner Küche stürzte er und brach tot zusammen; wahrscheinlich erlitt er einen Schlaganfall. Seinem Trauerzug am 15. Dezember folgten 200 Arme, die in Schwarz gekleidet waren. Er wurde neben seinem 1564 verstorbenen Sohn beigesetzt. Da Greshams Sohn und seine uneheliche Tochter frühzeitig verstorben waren, hinterließ er den Großteil seines immensen Vermögens einer Stiftung, dem Gresham-College.

1583 wurde das zweistöckige Börsengebäude in Hamburg eröffnet. Es war ein im Renaissance-Stil errichteter Holzbau, der zum Teil ins Wasser ragte und dort auf Pfählen ruhte. Drei mit Kupferblech beschlagene Türmchen markierten es in der Silhouette der Hafenstadt. Das Obergeschoss wurde durch zwei Reihen von jeweils sieben Doppelsäulen aus mächtigen Eichenbalken gestützt. In diesem Obergeschoss befand sich der 650 Quadratmeter große Börsensaal, in dem die Gewandschneider ihre Versammlungen hielten und in dem auch Auktionen stattfanden. Seit nämlich die Gewandschneider und Tuchfärber zur Kaufmannsgilde zugelassen wurden, weil sich der Tuchhandel von Antwerpen nach Hamburg verlegt hatte, waren die Einnahmen der Händler gestiegen. Aus dem so genannten

Stalgeld – ursprünglich war der Hamburger Staalhof Treffpunkt der Tuchmachergilde – konnte der Bau des Börsengebäudes durch den Amsterdamer Zimmermann Jan Andressen finanziert werden. Zwei Jahre später wurde an der Hamburger Börse erstmals eine kursähnliche Festsetzung der Preise eingeführt.

Amsterdam übernimmt die Führung

1585 wohnten etwa 30.000 Menschen in Amsterdam. Doch mitten im Dreißigjährigen Krieg erlebte die Stadt nicht zuletzt durch den Handel ein enormes Bevölkerungswachstum. Bis 1630 stieg die Einwohnerzahl auf 115.000. Am 20. März 1602 wurde die privilegierte »Niederländische Ostindien-Compagnie« (NOC)5 mit einem Stammkapital von 66 Tonnen Gold gegründet. Geht man von einem durchschnittlichen Goldpreis von etwa 1.770 US-Dollar pro Unze aus, würde das Stammkapital der NOC heute etwa 3,75 Milliarden US-Dollar entsprechen. Diese Summe entspricht – wählt man einen modernen Vergleich – etwa der Marktkapitalisierung des Unternehmens Qiagen Anfang des Jahres 2012. Ziel der NOC war es, ein Handelsmonopol zu errichten. Die Erzeugung der Handelsprodukte Gewürznelken und Muskatnuss wurde an verschiedenen Produktionsstandorten zusammengefasst und streng kontrolliert. Die NOC gab insgesamt 2.153 Aktien aus. Bald schon setzte ein reger Handel mit diesen Wertpapieren ein.

1606 wurde in Amsterdam der Begriff der Aktie institutionalisiert. Selbst türkische Paschas beteiligten sich am Amsterdamer Börsenhandel. Die Bedeutung der Börse machte sie auch

---

5 Auf Niederländisch: Vereenigde Oostindische Compagnie (VOC).

zu einem strategischen Kriegsziel im spanisch-niederländischen Erbfolgekrieg. Die Spanier schickten 1608 ein mit Schießpulver gefülltes Boot flussabwärts, und tatsächlich setzte die Höllenmaschine die alte Börse in Brand. Doch bereits 1610 trieb die Spekulation an den Unfern der Amstel bereits wieder solche Blüten, dass der Handel mit Optionen oder Prämien auf die Aktien der NOC verboten wurden. Ebenso untersagt waren Leerverkäufe. 1613 wurde das neue Börsengebäude eröffnet, ein Prachtbau mit Galerien und Innenhöfen. Das Gebäude sollte das Vorbild vieler moderner Börsen werden. 1621 wurde als Pendant zur NOC die »Westindische Compagnie« gegründet. Je fünf Kammern (Amsterdam, Zeeland, Rotterdam, Groningen und der Nordbezirk) wurden entsprechend ihrer Größe am Aktienkapital beteiligt.

1637 erlebten die Niederlande das Spekulationsphänomen der Tulipmania. Etwa einhundert Jahre früher hatte Busbeck die Tulpe von Andrianopel nach Holland eingeführt. Termingeschäfte auf Tulpenzwiebeln wurden nun regelmäßig an der Börse gehandelt. Gehandelt wurde nach dem Gewicht der Zwiebeln. Die Anteilsscheine wurden günstig gestückelt, um den Umsatz zu erleichtern. Die Preise für manche exotische Tulpensorten stiegen in absurde Höhen. So wurden beispielsweise 120 Tulpenzwiebeln als Spende für das Waisenhaus von Alkmaar öffentlich für 90.000 Gulden verkauft. Es entstand eine merkwürdige Bubble, die schnell platzte und etliche gutgläubige Spekulanten ernüchtert und um einiges ärmer zurückließ. Allerdings sollte der Spekulationscharakter nicht überbewertet werden, denn der karitative Zweck der oben angeführten Versteigerung stand ja eindeutig im Vordergrund.

1660 führte die Hamburger Börse, nach niederländischem Vorbild, ein Abzeichen zur Identifikation der zugelassenen

Börsenhändler ein, das Maklerzeichen. Damit sollten sie sich von den so genannten Beiläufern oder Pfuschmaklern unterscheiden, die meist vor dem Börsengebäude ihren Geschäften nachgingen. Das Maklerzeichen bestand aus einer Messingmünze, die das Stadtwappen zeigte, und neben dem Jahr und der Zulassungsnummer auch den Namen des Maklers vermerkte[6].

1666 legte das Great Fire of London das Gebäude der Royal Exchange in Schutt und Asche. Schon zuvor gab es Beschwerden über die mangelhafte Bauqualität der von Gresham errichteten Börse. Kurze Zeit später wurde mit einem Neubau begonnen. Der Architekt Eduard Jarmann versuchte, das alte Gebäude so gut es ging wieder auferstehen zu lassen. Der Glockenturm war diesmal aus Holz gefertigt, und auch der Gründer Thomas Gresham erhielt in Form einer Statue ein würdiges Andenken. Im gleichen Jahr erschien in Amsterdam das Buch »Confusiones de confusiones« von Joseph de la Vega (ca. 1650-1692), das in philosophischen Dialogen das Geschehen an der Amsterdamer Börse beschrieb und damit das erste Börsenbuch überhaupt war. Aus dieser Darstellung wird bereits die damalige Verflechtung des Welthandels und die globale Rolle Amsterdams deutlich, wenn de la Vega die Korrespondenz der Händler mit Indien oder Syrien genauso erwähnt wie die Geschäfte mit China, Indien oder Japan.

Im Winter 1672 marschierte ein französisches Heer in den Niederlanden ein. Es war so kalt, dass die Franzosen über die

---

[6] 1679 wurde zur Ergänzung des Maklerabzeichens eine Liste der zugelassenen Makler an der Hamburger Börse ausgehängt. 1680 wurde das leicht zu fälschende Maklerzeichen durch den Maklerstock abgelöst. Dieser kurze Stab wurde aus gedrechseltem Ebenholz gefertigt und hatte einen Knauf aus graviertem Silber. Er war bis ins 19. Jh. das Erkennungszeichen der Börsenhändler.

gefrorenen Kanäle und zur Verteidigung angelegten Wasserhindernisse so schnell hinwegmarschierten, dass die Aktien an der Amsterdamer Börse dramatisch fielen. Doch am 29. Dezember setzte Tauwetter ein und so waren die Franzosen zum Rückzug gezwungen, um nicht zwischen den zahlreichen Wasserläufen gefangen zu werden. Die Folge: In Amsterdam stiegen die Kurse wieder.

Anfang März 1680 machten in Den Haag Gerüchte die Runde, dass der französische Minister Colbert (1619-1683) dem niederländischen Ambassador gedroht habe, der französische König sei unzufrieden mit den Generalstaaten, weil diese eine Allianz mit England und Spanien schmieden wollten. An der Börse fielen nach dieser nur wenig verhohlenen Drohung die Kurse der Niederländischen Ostindien-Kompanie, aber auch die Obligationen. Bald stellte sich jedoch heraus, dass das Gerücht absichtlich von Aktienhändlern gestreut worden war, damit sie die Titel der NOC billiger kaufen konnten.

1682 erließ man in Frankfurt die erste Börsenordnung. Zunächst wurden dort nur Münzen gewechselt und Wechselbriefe gehandelt. Im gleichen Jahr, am 14. März, gab sich die Bremer Kaufmannschaft ebenfalls eine Börsenordnung. Alle Kaufleute und Makler sollten sich täglich zwischen 9 und 10 Uhr treffen. Zwei Personen führten die Aufsicht über die Börse, außerdem wurde ein Börsenknecht engagiert. Als Versammlungsort diente bald der erweiterte Ratskeller, der ursprünglich ein Weinkeller war. Vier Jahre später wurde mit dem Bau eines Börsengebäudes in Bremen begonnen.

1688 fand in Amsterdam stets eine so genannte Vorbörse statt. Dabei trafen sich die Händler vor den Toren des Börsengebäudes, bevor es offiziell öffnete. Hier fand der Handel zwischen

10 und 12 Uhr statt, dann strömten alle Händler ins Börsengebäude, um keine Strafgebühr für zu spätes Erscheinen entrichten
zu müssen. Im Gebäude selbst wurde bis 14 Uhr gehandelt.

Um 1694 verlagerte sich in Frankfurt am Main der Börsenhandel vom Platz vor dem Rathaus am Römer erstmals in ein
Gebäude. Das Haus »Großer Braunfels« am Liebfrauenberg,
es galt als das größte Gebäude der Stadt, diente fortan als Ver-
sammlungsraum der Börsenhändler.

1697 begrenzte ein Gesetz die Zahl der vereidigten Broker an
der Londoner Börse auf 100. Zur Legitimation trugen sie eine
Medaille. Handel auf eigene Rechnung wurde verboten und
die Courtage auf 10 Prozent begrenzt. Verstöße wurden mit
Geldstrafen und Prangerstehen bestraft. Allerdings wurden die
gut gemeinten Vorschriften kaum eingehalten. Vor allem wollte
man den seit 1666 verstärkt aus Amsterdam zuwandernden Juden den Zugang zur Börse erschweren. In der Folge verlagerte
sich ein Teil des Handels in die Kaffeehäuser Johnathan's und
Garraway in der unmittelbaren Umgebung der Börse. 1698 erschien in London erstmals der täglich gedruckte Kurszettel.

1720 wurden bereits 38 verschiedene Wertpapiere an der Amsterdamer Börse gehandelt, und aus dem Jahr 1721 stammt der
älteste erhaltene Kurszettel der Frankfurter Börse. Er umfasste
19 Positionen und war in Französisch abgefasst.

Der schottische Spieler

Louis XIV. (1638-1715) hatte während seiner Regierungszeit Staatsschulden von mindestens 18 Milliarden Francs angehäuft. Vaubans (1633-1707) Vorschläge zur Rettung der Staatsfinanzen, die eine zehnprozentige Steuer für die Adeligen vorsah, leiteten den Sturz des großen Strategen ein. Der Finanzkrise in Frankreich wurde der Regent jedoch nicht Herr. Seine Versuche zu sparen waren lächerlich: Er glaubte den bankrotten Haushalt zu sanieren, indem er 400 Hofgärtner und 1.200 Soldaten der Gardes du Corps entließ. Der Duc de Noailles versuchte als Wirtschaftsminister zu retten, was zu retten ist. In diesem Moment betrat der Schotte John Law (1671-1729) die Bühne Frankreichs. Er war groß, breitschultrig und gut aussehend. Charismatisch und selbstbewusst versprach er Frankreich Wohlstand und Reichtum. Der Bankierssohn hatte im Duell einen Mann getötet, war aus dem Gefängnis geflohen und reiste seit Jahren von Hof zu Hof in Europa. Law erhielt beim Regenten eine Audienz in Marly und erinnerte ihn geschickt an frühere Begegnungen am Spieltisch. Law wies dann den Duc d'Orleans (1640-1701) auf das funktionierende Bankwesen in England hin und stellte es als Vorbild für Frankreich dar. Mit Unterstützung durch den Regenten gründete Law am 2. Mai 1716 eine Aktienbank in Paris, die Banque Générale, und kurz darauf noch die Compagnie d'Occident, welche die Bodenschätze Louisianas ausbeuten sollte. Damit wollte Law den französischen Staatshaushalt sanieren[7]. Das Parlament war skeptisch, wollte das Vorhaben des Regenten und seines Bankiers verhindern. Doch

---

7 Micklethwait und Woolridge behaupten fälschlicherweise, Laws Firma hätte Frankreichs Wirtschaft, »Europe›s richest country in the eighteenth century«, ruiniert (Micklethwait & Woolridge: The Company. London 2003, S. 4).

der Duc de Orléans verbannte die aufmüpfigen Politiker nach Pontoise und gab dadurch Law freie Hand. Bereits im Dezember 1717 konnte der Duc de Orléans auf der Hauptversammlung der Banque Générale die Auszahlung einer Dividende von 15 Prozent verkünden. 1718 wurde aus der privaten Aktienbank eine königliche Staatsbank, die Banque Royale.

Die bisherigen Ost- und Westindischen Kompanien, die 1664 von Colbert gegründete und in Vergessenheit geratene Compagnie des Indes orientales[8] und die Compagnie de la Nouvelle-France, wurden mit der Compagnie d'Occident und der Compagnie de Mississippi im Mai 1719 zur Compagnie Perpétuelle des Indes fusioniert. Die neue Gesellschaft besaß schließlich die Tabakpacht der Kolonien und die Steuerpacht in Frankreich für die nächsten neun Jahre. Anschließend wollte Law das Unternehmen mit der Staatsbank zusammenführen. Damit hätte ein Großteil der Staatsfinanzen in Händen von Laws Firmenimperium gelegen. Law ließ bis zu 3.000 Menschen mit Schaufeln und Hacken ausgerüstet durch die Straßen von Paris marschieren und verbreitete die Nachricht, dass es sich bei ihnen um Auswanderer nach Louisiana handeln würde.

Durch diese ständigen Winkelzüge sowie die Emission laufend neuer Papiere schossen die Kurse der Aktien bei den Händlern rund um den Sitz der Banque Royale an der Rue Quincampoix Nr. 65 in kurzer Zeit von anfänglich 500 auf bis zu 18.000, ja sogar 20.000 Livres – und das, obwohl der Handel nur zwischen 10:00 und 13:00 Uhr stattfand. Im Garten des benachbarten Hôtel de Soissons wurden 137 Holzbuden errichtet und zu hohen Preisen an Aktienhändler und andere, die vom Menschenansturm in der Straße profitieren wollten, vermietet. Der Name Quiquanpoix wurde bald so populär, dass selbst in Amsterdam ein Kaffeehaus in der Nähe der dortigen

---

[8] Sie sollte den Senegal-Handel koordinieren.

Börse so benannt wurde. Die Staatsschulden sanken in kurzer Zeit um ein Drittel. Law krempelte im Alleingang die gesamte Wirtschaft des Königreiches um, schuf zahlreiche Ämter und Steuern ab. Insgesamt sollen nach Mottram[9] die Steuern und Abgaben um insgesamt 87 Millionen Livres gesenkt werden konnten. Erstmals verlagerte sich ein wichtiger Teil staatlicher Macht in private Hände – das war revolutionär. Die Zahl der Fabriken soll sich zwischen 1716 und 1720 im Land verdoppelt haben. Vor allem der Schiffbau boomte, da man auf den regen Handelsverkehr mit den Überseekolonien hoffte.

Per August 1719 verlieh der König der Compagnie Perpétuelle des Indes auf neun Jahre das Münzrecht. Dafür sollte die Compagnie insgesamt 50 Millionen Livres bezahlen, in 15 Monatsraten zu 3.333.333 Livres. Dafür durfte der König die Währung weder auf- noch abwerten. Das war die ökonomische Entmachtung des Königs. Dieses Geschäft beflügelte die Phantasie der Käufer und der Aktienkurs kletterte rasant. Bis zum Vormittag des 20. November waren die Aktien von 450 auf 1.700 gestiegen, am Nachmittag auf 1.750. Am folgenden Morgen notierten sie bei 1.840.

Einem Kurssturz Mitte Dezember auf 500 begegnete Law durch geschicktes Vorgehen. Er beschuldigte Neider, Ausländer und diejenigen, die Aktien auf Kredit gekauft hatten, als Verursacher der Krise. Law griff mit harter Hand durch, es kam zu Verhaftungen und Verweisen einzelner Händler. Die Ausfuhr von Bargeld wurde verboten, an den Grenzen beschlagnahmten französische Beamte Devisen. Law bot zudem eine Versicherung für die Aktionäre an, um den Aktienkurs zu stützen. Dieses Maßnahmenbündel griff sofort und am 20. Dezember konnten für 200 Millionen neue Aktien à 1.660 Livres ausgegeben werden,

---

[9] Mottram, R. H.: Die Finanzspekulation. Leipzig 1932, S. 154.

da in den letzen Tagen für 200 Millionen Livres Bargeld nach Paris floss, um in Aktien angelegt zu werden. So groß war das Vertrauen in die Finanzalchemie Laws. 530.000 Menschen, also weit mehr als Paris an Einwohnern zählte, sollen in die Metropole gekommen sein, um sich am Aktienhandel zu beteiligen. Auch adelige Damen wollten am Aktienhandel partizipieren und ersuchten um eine Audienz bei Law. Der lehnte aber ab, weil ihn ein natürliches Bedürfnis drängte. Das schreckte die Damen aber nicht ab – sie blieben bei Law, während dieser sein Wasser ließ, und stellten ihre Fragen zu den Aktien.

In der Rue de Quincampoix spielten sich derweil unglaubliche Szenen ab. Jeden Tag versammelte sich eine euphorische Menschenmenge, um Aktien zu kaufen. Mitten unter ihnen war Bombario, ein kleinwüchsiger Mann mit Brille und Bauchladen, auf dessen Frontlade sein Namen angeschrieben war. Er verkaufte Papier. Den Käufern bot er seinen Rücken als Schreibpult an und während er sich vornüber beugte, hielt er mit der einen Hand seinen Bauchladen und mit der anderen das Tintenfass fest, so dass seine Kunden fleißig neue Aktien zeichnen konnten. Auf diese Weise verdiente Bombario bis zu 150.000 Livres pro Tag. Der Sturm auf die Aktien hatte seinen Höhepunkt erreicht.

Plötzlich schlug die Stimmung um: Die Menschenmassen in der Rue Quinampoix dünnten sich aus, die Beschwerden der Anwohner über den Lärm nahmen ab und die Lebensmittelpreise in der Stadt sanken wieder. Der Staatsrat griff ebenfalls in den Aktienhandel ein. Er halbierte die versprochene Zinszahlung auf zwei Prozent und beschränkte den Aktienkurs auf maximal 9.000 Livres. Am 22. Mai 1720 beschloss der Staatsrat, den Aktienkurs der Compagnie Perpétuelle des Indes auf maximal 4.500 Livres zu beschränken. Im ganzen Land drohten daraufhin Aufstände, die Leute fühlten sich betrogen. Fünf Tage später wurde der Beschluss zurückgenommen. Die Menschen blieben trotzdem verunsichert. Als zwei Mitglieder des Königshauses, darunter der Prinz Conti, im Jahr 1720 ihre Bankanteile in Gold- und Silbermünzen tauschen wollten, wurden die Händler nervös. Der König befahl, alles Geld, Gold und Silber gegen die ausgegebenen Billete (Aktien) zu einem Wechselkurs von 500 Livres zu tauschen. Es kam zu einem Run auf die Banque Royale, weil jeder Aktionär versuchte, sein Geld zu retten. Man transportierte das verbliebene Geld der Banque Royale vom Palais Mazarin in der Rue Vivienne zum Place Vendôme, der Tag und Nacht von einer Menschenmenge in Panik bevölkert war, um zu zeigen, dass genug Geld für alle vorhanden war. Doch der PR-Trick verfehlte seine Wirkung und bald war das Geld aus dem Staatsschatz verschwunden.

Dann kamen auch noch schlechte Meldungen aus Louisiana: Die Gewinne mit Tabak und Bodenschätzen schienen lange nicht so hoch zu sein, wie Law es versprochen hatte. Der von Law als Chefingenieur eingesetzte Pierre Le Blonde de la Tour (†1723?) konnte 1719 schließlich nur mit einem kleinen Häuflein von Auswanderern in La Rochelle mit Ziel Louisiana in See stechen. Von Laws Menschenmassen, die mit Schaufeln durch Paris gezogen waren, war nichts mehr zu sehen. Law sah sich gezwungen, die emittierten Papiere um die Hälfte abzuwerten. In wenigen Tagen fiel der Kurs der Aktien um fast drei Viertel. Die Panik brach vollends aus, als beim Sturm auf die Banque Royale im Palais Mazarin ein Dutzend Menschen zu Tode getrampelt wurde. Der wütende Mob schleppte die Leichen vor das Palais-Royal und drohte es zu stürmen. Auch attackierte der Mob Laws Frau mit Steinwürfen. Laws Haus blieb ebenfalls nicht von Angriffen verschont; eine wütende Menschenmenge umstellte Laws Kutsche. Mutig streckte er den Kopf aus dem Fenster und rief der Menschenmenge zu: »Ihr seid Kanaillen.« Der Mob ließ zunächst von ihm ab, doch schließlich wurde seine Kutsche zertrümmert.

Law musste handeln. Vor der Banque Royale wurde ein 5,8 m langer und 2,5 m breiter Metallkäfig aufgebaut, in dem Banknoten im Wert von 700 Millionen Livres verbrannt wurden, um den Kurs der Papiere zu stützen. Doch diese Aktion half nichts mehr. Am 10. Oktober 1720 schloss die Bank endgültig ihre Tore. Selbst mehrere niederländische Versicherungsgesellschaften gerieten dadurch in Konkurs. In einem Amsterdamer Kaffeehaus in der Kalverstraße Kalverstraat berieten die Aktienhändler die ganze Nacht, was nun geschehen solle. Derweil versammelte sich eine wütende Menschenmenge vor dem Amsterdamer Rathaus. Von dort zog der Mob zur Versammlung der Aktienhändler und begann die ehrwürdigen Börsianer zu beschimpfen. Bald kam es zu Handgreiflichkeiten. Hüte und Perücken wurden von den Köpfen gerissen. Steine flogen gegen das Kaffeehaus, bis alle Scheiben zu Bruch gegangen waren. Dann griffen Nachtwache und Bürgerschaft in den Tumult ein, der bis nach Mitternacht dauerte. Der Magistrat setzte kurz darauf eine Belohnung für die Ergreifung der Übeltäter aus, jedoch ohne Erfolg. Der Aktienhandel in Amsterdam reduzierte sich deutlich.

Noch schlimmer war es natürlich in Paris. Der Handel in der Rue Quinquempoix wurde zum 27. Oktober unter Androhung von Gefängnis verboten. Eine finanzielle Katastrophe für alle, die ihre Papiere zu spät verkauften. Am 28. Oktober versammelte sich eine Menschenmenge vor der Börse – erfolglos. Einen Tag später wurden sie von der Wache vertrieben. Die Verzweiflung griff um sich. Die Sängerin Mazé soll sich geschminkt und fein gekleidet aus Kummer über den Verlust ihres Geldes am helllichten Tag in der Seine ertränkt haben.

Law musste Paris am 14. Dezember 1720 heimlich verlassen. Vom Regenten soll er sich mit den Worten verabschiedet haben: »Monseigneur, ich habe große Fehler gemacht, weil ich Mensch bin, aber Sie werden weder Bosheit noch Schurkerei in meinem

Verhalten finden.« Er floh zunächst nach Brüssel. Law hatte Frankreich mit einem Vermögen von über 100.000 Pfund betreten, wurde zum reichsten Mann Europas und floh nun mit nur 800 Louis d'or in einer geliehenen Kutsche. Seine Frau blieb in Paris zurück. Sie wollte alle Schulden bezahlen und lebte fortan unter dem Schutze des Duc de Vendôme. Sein Bruder wurde enteignet und in der Bastille festgesetzt. Als durchsickerte, dass sich Law und einige reiche Aktionäre ins Ausland abgesetzt hatten, verbot der König unter Androhung der Todesstrafe die Ausreise bis zum 1. Januar 1721. In Paris machte sich die Wut der Aktionäre in blutigen Straßenschlachten Luft. Im Gedränge vor der geschlossenen Bank fanden fünf Menschen den Tod, die in einem gewaltigen Leichenzug durch die Rue Vivienne getragen wurden. Selbst vor dem Louvre versammelte sich eine wütende Menschenmenge. Marshall Villeroi konnte die Situation beruhigen, indem er 100 Livres unter den Demonstranten verteilen ließ.

Law schlug sich derweil nach England durch und blieb dort bis 1724. Er zog weiter nach Venedig, wo er mit 2.000 Louis d'or eintraf, als Spieler lebte und verarmt am 21. März 1729 verstarb. »Wo ist Law?« wurde zur geläufigen Scherzfrage in den Salons von Paris, wo man auch den von Law so geliebten Glücksspielen nachging.

Fast gleichzeitig mit dem Kollaps von Laws System platzte in England auch die Spekulationsblase um die von John Blunt initiierte South Sea Company. John Blunt wäre beinahe das Opfer eines Mordanschlages auf offener Straße geworden. James Craggs (1657-1721) beging Selbstmord, und der Schatzmeister Robert Knight ging für 20 Jahre ins Exil. Zu den Unternehmen, die damals in London um die Gunst der Anleger buhlten, gehörte auch eine dubiose Firma, die ein Perpetuum mobile vermarkten wollte. Im Januar 1720 wurde eine Aktie der South Sea noch für

128 Pfund gehandelt. Der Kurs stieg bis März auf 330 und im Mai auf 550 Pfund. Im Juni war sogar die 1.000-Pfund-Marke in Reichweite. Mit dem Verbot aller nicht offiziell zugelassenen Gesellschaften platze die Blase und der Kurs fiel bis Dezember wieder auf 124 Pfund.

1736 veröffentlichte die Hamburger Commerz-Deputation wöchentlich einen »Preiscourant der Wahren und Partheyen«, also eine Art amtlichen Kurszettel. 18 Makler waren damit beauftragt, die Kurse für Waren, Devisen und Versicherungsprämien zu notieren. Das Blatt erschien jeweils freitags zum Preis von drei Schillingen und wurde in »Königs Laden, bey der Banco«, also in der Nähe der Hamburger Bank, verkauft. Der letzte Preiscourant erschien 1914. 1747 wurden in Amsterdam auf dem ersten erhaltenen Kurszettel 41 Papiere aufgeführt – davon je drei holländische und englische Aktien, vier Staatsanleihen aus England und sechs aus Deutschland sowie 25 niederländische Anleihen.

1763 kam der schottische Moralphilosoph und Logiker Adam Smith (1723-1790) auf seinen Reisen nach Paris. Hier diskutierte er mit Baron d'Holbach (1723-1789) und Quesnay (1694-1774), dessen Schriften inzwischen teilweise von Abbé Desfontaines redigiert wurden. Gesprächsstoff gab es genügend für die beiden, so etwa die wilde Spekulation in Amsterdam. Im Siebenjährigen Krieg (1756-1763) war das neutrale Amsterdam wieder zum führenden Finanzzentrum aufgestiegen. Doch nun kam der Rückschlag. Nach über 200 Jahren Geschäftstätigkeit ihres Handelshauses hatten sich die Gebrüder de Neufville verspekuliert und erklärten sich am 2. August 1763 für zahlungsunfähig. Leendert Pieter de Neufville (1729-1797) hatte die Wechselreiterei erfunden, bei der die beteiligten Parteien gegenseitig Wechsel akzeptieren, ohne dass ein Warengeschäft dem Austausch zugrunde liegt. In den Sog der Krise gerieten auch die Handelshäuser von Aaron Joseph und Jacob Norden. Selbst in Hamburg spürte man die Auswirkungen des Bankrotts. Besonders betroffen war jedoch Amsterdam, da sich dort alle Kriegsparteien refinanziert hatten. Es waren diese angeregten Diskussionen über gesellschaftliche Systeme, die den Logiker Smith auf das Feld der Ökonomie führten. Sein Ideal war eine neue Gesellschaft, deren Wirtschaftssystem sich selbst regulierte – so wie in einem Automaten.

Die nächste Bubble – die nächste Pleite

1772 war der schottische Banker Alexander Fordyce († 1789) Teilhaber der Neale, James, Fordyce & Dowe Bank und hatte auf den fallenden Kurs der im Jahr 1600 gegründeten East-India Company spekuliert. Fordyce glaubte, der Kurs der Aktie müsse fallen, da die Gesellschaft riesige Schulden im Indiengeschäft angehäuft hatte. Doch im Mai 1772 lag der Kurs der East-India-Aktie nur fünf Zähler unter ihrem Höchststand von 231 Punkten. Fordyce' Spekulation ging schief. In Panik floh er aus London und hinterließ seinen Geschäftspartnern gewaltige Schulden. Wenige Wochen später war die Bank am Ende. Die East-India saß auf vollen Lagern mit Waren, die einfach keine Abnehmer fanden. Die Schuldenlast wurde so drückend, dass der endgültige Bankrott unvermeidlich war. Das Handelshaus Clifford & Sons geriet in den Sog der Krise und zog mehrere Firmen mit sich. Clifford & Sons hatte lange und enge Handelsbeziehungen mit der East-India Company unterhalten und versuchte, durch Stützungskäufe den Kurs der East-India-Aktie zu stabilisieren. Für Fordyce war das ein später

Trost. Ein Regierungskredit sollte die East-India noch einmal kurzfristig retten. Amsterdam erlebte durch die Spekulationen um die englische East India Company schwere Verluste. Allein in Amsterdam mussten durch diese Pleite 40 weitere Handelshäuser den Konkurs erklären. So war der Weg für London und Paris als führende Börsenplätze frei.

Zunächst mussten aber schwedische, ja selbst russische Banken helfen, um das englische Finanzwesen zu stabilisieren. Makler waren notwendig, um die Transaktionen abzuwickeln. Diese trafen sich im bereits erwähnten Kaffeehaus Johnthan's in der Threadneedle Street. Um am Handel teilzunehmen, musste jeder einen Anteil in Höhe von sechs Pence erwerben. Dies waren die Ursprünge der am 14. Juli 1773 gegründeten Stock Exchange. Es sollte aber bis 1801 dauern, bis die Stock Exchange über ein eigenes Gebäude in London verfügte; und zwar im Chapel Court in der Nähe der Bank of England. 1802 wurde Eröffnung gefeiert. Die London Stock Exchange zählte damals 500 Mitglieder.

Die Assignaten-Spekulation

Mit der Revolution von 1789 wurden in Frankreich der Adel und der Klerus enteignet. Doch der Revolutionsstaat war pleite und von den Nachbarn bedroht. Frankreich musste zu seinem Schutz ein Revolutionsheer mit 14 Armeen und 140.000 Soldaten unterhalten. Also wurden selbst die Kirchenglocken eingeschmolzen, um sie zu verkaufen. Auf den Vorschlag des Naturwissenschaftlers Joseph-Sylvain Bailly (1736-1793) hin wurden verzinsliche Schuldverschreibungen, die so genannten Assignaten (d. h. Anweisungen), als gesetzliches Zahlungsmittel ab dem 1. April 1790 ausgegeben, um die französischen Staatsschulden zu tilgen. Deren Form und Anzahl wurde am 17. April gesetzlich festgelegt. In Fabriken mit bis zu 800 Arbeitern wurden schon bald täglich zwischen zwei und 300 Millionen Assignaten gedruckt. Gabriel Julien Ouvrard (1770-1846), Sohn eines bretonischen Papierfabrikanten und später wichtigster Bankier Napoleons, sah seine Chance: Er hatte früh erkannt, dass der Druck der Assignaten gewaltige Papiermengen verschlingen würde und schloss mit diversen Papierfabriken Lieferungskontrakte ab. Schon kurze Zeit später stieg der Papierpreis so stark, dass er seine Lieferkontrakte mit gewaltigem Gewinn weiterverkaufen konnte.

1790 wurden Assignaten für rund 400 Millionen Livres emittiert. Deren totale Umlaufsumme betrug 9.978.006.618 Livres. Die Assignaten konnten an der Börse in Münzgeld getauscht werden. Doch die Papiergeldflut führte zu einer galoppierenden Inflation. An der Pariser Börse betrug am 21. April 1792 der Wechselkurs für Assignaten im Wert von 156 Francs nur 100 Francs in Münzgeld. Der Kurs sank rapide, so dass am 27. Juni 1793 Order gegeben wurde, die Börse müsse geschlossen bleiben. Es war ein hilfloser Versuch, den Kursverfall unter Kontrolle zu bringen. Am 28. September 1793 wurden erneut zwei Milliarden Assignaten ausgegeben und am 15. Mai 1794 weitere sechs Milliarden. Schon am 19. Juni des Jahres folgten noch einmal 1,2 Milliarden. 1794 wurde der amtliche Wechselkurs auf 1:1 festgelegt. Wer dagegen verstieß, wurde mit der Todesstrafe bedroht. Dennoch weigerten sich viele Händler, das Papiergeld einzulösen.

Am 1. August 1795 öffnete die Börse in Paris wieder ihre Tore. Ein Louis d'or kostete bereits 920 Francs in Papiergeld. Bis zum 1. September betrug das Wechselkursverhältnis eines Louis d'or 1.200 Francs in Assignaten und am 1. November bereits 2.600, am 1. Dezember sogar 3.500 Francs. Zu diesem

Zeitpunkt befanden sich 19 Milliarden Assignaten in Umlauf.

In Amsterdam bildete sich ein Konsortium um die Handelshäuser Hoppe & Co. und Parish & Co. aus Hamburg, die durch gezielte Spekulationen die Assignaten in die Baisse trieben. Ebenfalls beteiligt waren die Londoner Firma Harman, Hoare & Co. Das Handelshaus Boyd, Ker & Co. aus London schickte Walter Boyd (1754-1837) nach Paris, um dort die Transaktionen für das Konsortium zu tätigen. Das Konsortium trieb den Kurs der Assignaten so in die Tiefe, dass sie nur noch rund 1 Prozent ihres ursprünglichen Wertes hatten. Walter Boyd musste schließlich Paris fluchtartig verlassen. Zusätzlich destabilisierten gefälschte Assignaten aus England den Markt. Um die Abwertung der Papiere zu stoppen, wurden sogar die Kriegsbeute und Ernten beschlagnahmt. Verantwortlich für diese Aktionen war der Finanzpolitiker Joseph Cambon (1734-1820), eines jener Convent-Mitglieder, die für den Tod Louis XVI. gestimmt hatten. Die völlig entwerteten Assignaten wurden im März 1796 im Verhältnis 30:1 in neue Schuldscheine, die so genannten Mandats territoriaux, getauscht. Die so genannten Territorialmandate waren als Ausweg aus der Finanzmisere geschaffen worden. Insgesamt wurden 2,4 Milliarden Territorialmandate ausgegeben. Sie verloren in nur drei Monaten 97 Prozent ihres Wertes. Im Februar 1797 wurde die Tauschquote von 30:1 für Assignaten abgeschafft. Am 21. Mai 1797 wurden alle noch nicht in Mandate getauschten Assignaten für wertlos erklärt. Bis zu diesem Zeitpunkt waren 40 Milliarden Assignaten ausgegeben worden. Am 30. September 1797 erklärte sich die Regierung für zahlungsunfähig. Einige Assignaten überlebten; sie wurden als Tapetenersatz an Wände geklebt.

Unter der Platane

Die Anfänge der Börse in New York waren bescheiden: Am 17. Mai 1792 – also mitten in der industriellen Revolution – einigten sich 24 Aktienhändler darauf, den Wertpapierhandel unter einer mächtigen Platane vor dem Haus mit der Nummer 68 an der Wall Street abzuwickeln. Dieser Beschluss ging als das Buttonwood Agreement in die Wirtschaftsgeschichte ein. Wenige Wochen vor dem Start dieser Freiluftbörse, nämlich am 2. April, war übrigens der Dollar die offizielle Münzeinheit der USA geworden.

Es gab zwei Gründe, warum es überhaupt einen Wertpapierhandel in den noch jungen USA gab. Der eine bestand darin, dass die Regierung in Washington, D. C., 1790 Bonds für 80 Millionen Dollar emittiert hatte, um die Schulden aus dem Krieg gegen das British Empire (1776-1783) zu finanzieren. Dieser öffentliche Handel mit Kriegsanleihen war der eigentliche Beginn des US-Wertpapier-Marktes. Der zweite Grund war, dass der Grundstücksspekulant William Duer (1743-1799) in Zahlungsschwierigkeiten geraten war und so die noch junge Bank of New York in schwere Bedrängnis gebracht hatte. Sie war 1784 vom Secretary of the Treasury, Alexander Hamilton (1755-1804), und ebenjenem William Duer gegründet worden. Auf Veranlassung Hamiltons wurden nun für einige hunderttausend US-Dollar die Papiere der Bank zurückgekauft, um den sinkenden Kurs zu stabilisieren. Dieser Anteilsschein war somit die erste Unternehmensaktie, die unter den schattigen Ästen an der Nummer 68 gehandelt wurde. Die Broker retteten tatsächlich, was noch zu retten war, und Duer landete im Gefängnis. Sein alter Kollege Hamilton, der übrigens bei einem Duell erschossen wurde, konnte oder wollte scheinbar wenig für ihn tun.

Der Aktienhandel wuchs schnell. Innerhalb des ersten Jahres stieg die Zahl der an der Wall Street gehandelten Wertpapiere auf fünf: zwei Bankaktien und drei Bonds. Bereits 1793 trafen sich die Händler im nahen Tontine Coffee House zum täglichen Handel; dort konnte man unabhängig von der Witterung seinen Geschäften nachgehen. Der so genannte Call-Markt funktionierte in der Weise, dass während der beiden Handelssessionen am Vor- und Nachmittag die einzelnen Aktien ausgerufen wurden und die Broker dann ihre Gebote dafür abgaben.

1803 erhielt der Lord Mayor von London einen Brief des leitenden Staatsministers, dass die Verhandlungen zwischen England und dem napoleonischen Frankreich freundschaftlich verlaufen würden. Als dieses Schreiben in der City bekannt wurde, kam es zu einer Börsenhausse in London. Erst als man vernahm, dass dieses Schreiben eine Fälschung war und der Krieg mit Frankreich unmittelbar bevorstehen würde, brachen die Kurse ein. Der Fälscher konnte niemals ermittelt werden.

1804 eröffnete Gerhard Karsten Jacob von Hoßtrup (1771-1851) in Hamburg seine Börsenhalle.[10] Dort konnten Kaufleute gegen eine Jahresgebühr im angenehmen Ambiente eines Clubs ihren Börsengeschäften nachgehen. Der Handelssaal der Börsenhalle war immerhin 290 Quadratmeter groß. Da die eigentliche Börse nur von 12 bis 14 Uhr geöffnet war, trafen sich die Händler in Hoßtrups Etablissement am Vormittag, blieben aber oft so lange, dass die Öffnungszeiten der Börse immer weiter in den Nachmittag verlagert wurden. Viele Händler kamen selbst dann noch

---

[10] Hier wurde 1833 auch das »Rauhe Haus« gegründet. Der Theologe Johann Hinrich Wichern hatte Politiker und Kaufleute für sein Projekt überzeugen können. Der Sozialdemokrat Friedrich Schulz (1830-1898) arbeitete 1851 als Drucker bei der »Hamburger Börsenhalle«, wurde aber 1880 als Anführer eines Druckerstreiks entlassen.

zu spät, so dass die für den Handel verantwortliche Commerz-Deputation die Eingänge der Börse nach Ende des Handels mit Ketten absperren lies. Diese Maßnahme nützte jedoch nicht viel, da viele Börsianer die Absperrung einfach übersprangen. 1815 wurden die Ketten durch Eisengitter ersetzt. Sie wurden geschlossen, nachdem ein Läuten zur Räumung des Gebäudes mahnte. Doch diese Eisentore wurden immer wieder durch eingeschlossene Kaufleute aufgebrochen.

Schließlich diente der mit Gaslampen erhellte Eingangsbereich der Börse abendlichen Spaziergängern auch als Flaniermeile. Hier hing auch das so genannte Fallitbrett, auf dem die Falliten, also die pleitegegangenen Kaufleute, aufgeführt waren. Auf zwei weiteren schwarzen Brettern wurden die Namen der Kaufleute und Makler vermerkt, die nach einem »boshaften« Konkurs das Weite gesucht hatten. Um den regelmäßigen Aufbrüchen der Börsentore ein Ende zu bereiten, wurde 1824 ein »Mandat wider Börsenfrevel« erlassen.

Mit dem neuen Jahrhundert kam die große Zeit von Bankiers wie Stephen Girard (1750-1831), der 1812 die Bank of the United States gekauft und in Bank of Stephen Girard umbenannt hatte. Er finanziere 95 Prozent der Staatsanleihen der USA, die mit diesen Mitteln den erfolglosen Krieg gegen Kanada und Großbritannien finanzierten. In diesen Jahren erlebten auch die Banker Rothschild ihren kometenhaften Aufstieg; denn durch die erfolgreiche Finanzierung der Feldzüge Wellingtons gegen Napoleon in Spanien wurden sie zur internationalen Finanzmacht. Der Stammvater des Bankhauses, Meyer Amschel (1743-1812)[11], wohnte in der Frankfurter Judengasse in einem Haus mit einem roten Schild als Erkennungszeichen – daher

---

[11] Amschel war der so genannte »Hofjude« des Kurfürsten von Hessen, der durch den Verkauf seiner Landsleute als Soldaten reich geworden war.

der Name Rothschild. Amschel war der Sohn einfacher Händler und hatte nach dem Tod der Eltern im Bankhaus Oppenheimer in Hannover gearbeitet. 1794 ging er nach Frankfurt zurück. Diesmal allerdings nicht in das Haus mit dem roten Schild am Anfang der Judengasse, sondern in jenes, welches eine Pfanne als Signet zierte. Hier im Haus »Zur Hinterpfann« half er seinen Brüdern, die einen Altwarenhandel betrieben und richtete eine Wechselstube ein. Bald handelte Rothschild vor allem mit numismatischen Stücken. Durch Geschick und Verbindungen schaffte er es nach einiger Zeit, das Geld für den Kurfürsten von Hessen-Kassel Ludwig I. (1753-1830) zu verwalten. Als der Kurfürst vor Napoleon fliehen musste, überließ er wichtige Dokumente und Gelder bei Rothschild zur Verwahrung. Die Rothschilds verwendeten zahlreiche Tricks, damit ihre diskreten Geschäfte auch vertraulich blieben: ihre Korrespondenz fassten sie nur in verschlüsselter Form ab und ihre Kutschen hatten einen doppelten Boden, damit Unterlagen und Geld diskret transportiert werden konnte.

Kaum war Napoleon in der Schlacht von Waterloo am 18. Juni 1815 besiegt, verbreitete sich die Nachricht über das Kontaktnetz der Rothschilds. In Ostende bestieg der Bote Rothworth ein Boot mit Ziel Folkstone. Dort übergab er am Morgen des 20. Juni 1815 die brisante Meldung an Nathan Rothschild (1777-1836), der die Geschäfte der Rothschilds seit 1804 in London von seinem Haus in der St. Swithin's Lane aus besorgte[12]. Der dritte Sohn von Amschel Meyer Rothschild eilte nach London zurück und wusste als einer der ersten, wie die Schlacht ausgegangen war. Er betrat den Handelsraum der London Stock Exchange und verkaufte so viele Papiere, wie er nur konnte. Schnell machte

---

[12] James ging 1811 nach Paris, Salomon 1820 nach Wien, Karl 1821 nach Neapel.

das Gerücht die Runde, Napoleon hätte die Schlacht gewonnen. In der nun aufkommenden Panik verkaufte jeder, der konnte. Jetzt schlug die Stunde der Rothschilds: Als die Kurse ihren Tiefpunkt erreicht hatten und die Nachricht vom wahren Ausgang der Schlacht London zu erreichen drohte, kauften die Angestellten Rothschilds die billigen Papiere massenweise auf. Als dann der Jubel über den Sieg der Alliierten London erreichte und die Kurse wieder steigen, hatten die Rothschilds ein Vermögen gemacht.

Etwa zur gleichen Zeit, nämlich 1817, dem Gründungsjahr der Second Bank of the United States, konstituierte sich die New York Stock Exchange (NYSE) formell – samt Regelwerk und Verfassung sowie mit Anthony Stockholm als ihrem ersten Präsidenten. Das Handelsgebäude lag zunächst an der Wall Street 40. Bereits im Jahr 1824 wurden dort 380.000 Aktien gehandelt.

1818 kam es zum ersten Börsencrash in den USA. Die Second Bank hatte angekündigt, ihre Kreditvergabe einzuschränken, um die ausufernde Inflation einzudämmen. Zudem wurden erste Rückzahlungen in Höhe von vier Millionen Dollar in Gold für den Louisiana-Deal von 1803 fällig. Durch den Abfluss von Gold verringerte sich die Deckung des umlaufenden Papiergeldes drastisch. Die Second Bank reagierte mit Einführung einer Sondersteuer, um die sogleich vor Gericht gestritten wurde. Doch der drohende Crash war nicht mehr aufzuhalten. Es kam zu zahlreichen Insolvenzen. Agrarpreise sanken dramatisch, die Immobilienpreise, etwa in Richmond, ebenfalls. Die Preise für Land sanken an der Ostküste und breite Bevölkerungsschichten verarmten. Erst zwei Jahre später entspannte sich die Lage.

1824 und 1825 nahmen die neugegründeten Staaten Südamerikas (Argentinien, Peru, Brasilien und Mexiko) an der Londoner

Börse mit der Ausgabe von Staatsanleihen rund 20 Millionen Pfund auf. Innerhalb kurzer Zeit stiegen die Kursgewinne an der Londoner Börse um 200 Prozent. 1825 hatte die südamerikanische Krise einige wichtige Adressen in London erfasst. Pole, Thornton & Co. musste mit 47 Filialen im ganzen Land ihre Tore schließen. 73 Banken folgten. Der Bank of England drohten bald darauf sogar die 5- und 10-Pfund-Noten auszugehen. In höchster Not wurde sogar beschlossen, alte Ein-Pfund-Noten aus dem Jahr 1797, die noch in der Bank of England lagerten, wieder als Zahlungsmittel auszugeben. Nathan Rothschild gelang es, innerhalb kurzer Zeit auf dem Kontinent Münzen im Gegenwert von zehn Millionen Pfund zu organisieren und die Liquiditätskrise zu beenden. Insgesamt forderte die Krise 145 Banken als Opfer.

1825 wurde die von Alexandre Théodore Brongniart (1739-1813) entworfene neue Börse in Paris fertiggestellt. Die Bauzeit hatte insgesamt 19 Jahre betragen. Entsprechend prächtig war der fertige Bau: Das Parkett säumen 64 korinthische Säulen. Die Nischen in diesen Galerien bezeichnete man als Kulisse. In der Kulisse handelten die freien Händler mit spekulativen Papieren, während nur amtlich zugelassene Händler auf das Parkett durften. Der Handelsraum maß in der Länge fast 38 Meter, in der Breite knapp 25 Meter und trotz einer Höhe von 25 Metern war es oft heiß, feucht und stickig, wenn 2.000 Händler auf dem Parkett sich die aktuellen Gebote zuriefen. Der Handel startete mit 26 Titeln. Doch bereits 1828 kam es zu einer Börsenpanik. In England führte eine Bargeldknappheit dazu, dass Papiere der US-Banken mit Filialen in Großbritannien, Wiggins, Wildes und Wilson, nicht mehr rediskontiert werden durften. Die vier anderen US-Banken im Vereinigten Königreich waren von dieser Beschränkung nicht betroffen. Es kam zu einer Panik, in deren Folge zahlreiche Banken schließen mussten. Als letzte der drei W-Banken musste Wildes schließen.

Bald dominierten die neuen Eisenbahnaktien das Handelsgeschehen in New York. Doch blieben auch in dieser Boomphase Rückschläge nicht aus: Am 16. März des Jahres 1830 wurden nur 31 Aktien gehandelt – dies war das niedrigste je registrierte Volumen eines regulären Handelstages überhaupt.

In Hamburg wurden um 1830 die Aktienkurse in vorgedruckte Kurszettel eingetragen und angeschlagen. Per Brief gingen sie auch an Handelskorrespondenten. In diesen Kurszetteln waren neben den Kursen auch Diskonte, Waren, Schiffslohn und die Versicherungsprämie festgehalten. 1831 wurde in Hamburg das Börsensperrgeld eingeführt. Wer zur Handelssitzung zu spät erschien, von dem erhob ein Börsendiener eine Gebühr von vier Schilling. Dieses Sperrgeld hielt sich bis in die Mitte des 20. Jahrhunderts. Der Börsenhandel hatte inzwischen einen solchen Umfang angenommen, dass viele Händler gar nicht mehr in die Börse kamen, sondern ihre Geschäfte auf der Straße abwickeln mussten. Dort zählte man an manchen Tagen bis zu 4.000 Menschen.

1833 wurde die »Ludwig-Eisenbahn-Gesellschaft in Nürnberg« zur Finanzierung der ersten Deutschen Eisenbahnstrecke von Nürnberg nach Fürth gegründet. Im Vorfeld hatte Joseph von Baader (1763-1835) bereits 1831 vergeblich versucht, 3.000 Gulden von der Ständekammer zum Bau einer Eisenbahn zu erhalten. Am 10. Juli 1833 schließlich war die Regierung in Ansbach bereit, das Projekt zu unterstützen – wenn auch in geradezu lächerlicher Weise: Ganze zwei Aktien mit einem Nennwert von je 100 Gulden sollten über den Zentralindustriefonds erworben werden. Allerdings zahlte der Fonds nur 10 Prozent der geforderten Summe! Während des Baus der Lokomotive, der von vielen Rückschlägen geprägt war, verlor die Aktie 20 Prozent ihres Wertes. Am 25. November 1835 wurden endlich, nachdem selbst der bayrische König um Unterstützung gebeten werden musste, die restlichen 180 Gulden durch den Zentralindustriefonds für die zwei Aktien bezahlt, mit denen die Regierung das zukunftsträchtige Projekt unterstützte.

Als die Eisenbahn auf der Strecke Fürth-Nürnberg endlich am 7. Dezember 1835 offiziell ihren Betrieb aufnahm, schoss der Aktienkurs in die Höhe. In nur fünf Wochen stieg der Kurs der Aktie um 36 Prozent. Bis zum 26. Januar 1836 hatte sich der Kurs gegenüber dem 7. Dezember verdoppelt, bis Mitte März sogar verdreifacht. Die Aktien der Taunusbahn waren nach diesem Erfolg bei ihrer Emission vierzigfach überzeichnet und eröffneten mit einem Kurssprung um 70 Prozent. 1835 – damals wurden bereits drei Eisenbahnaktien an der NYSE gehandelt – kletterte das tägliche Handelsvolumen auf enorme 8.500 Stück. 1835 war auch das Jahr des großen Feuers in New York: 674 Gebäude, darunter auch das der NYSE, fielen den Flammen zum Opfer.

1836 hatten die Spekulationen an den US-Börsen zugenommen. Vor allem der Mittelzufluss aus England stellte die notwendige Liquidität für die Börsengeschäfte zur Verfügung. Als der Zufluss an Neumitteln zurückging, brach im September 1837 eine Panik an der New Yorker Börse aus. Von den USA griff die Krise nach England und Frankreich über, dort war vor allem die Seidenindustrie von Lyon betroffen.

1837 brach erstmals eine Panik an der New Yorker Börse aus; Broker aus Philadelphia saßen auf Papieren des Staates von Pennsylvania, für die der Bundesstaat keine Zinsen mehr zahlen konnte; Pennsylvania war zahlungsunfähig. In der Folge sank der durchschnittliche tägliche Umsatz von 7.393 Aktien zu

Beginn des Jahres auf nur 1.534 Aktien im Juni. Dies war eine erste Warnung. Nach einigen Jahren voller Optimismus und Euphorie – wie etwa dem Goldrausch von 1849 in Kalifornien – kam es zum nächsten Rückschlag.

1840 hatte man sich entschlossen, veraltete Handelsbräuche an der Hamburger Börse abzuschaffen und nach anfänglichen Bestrebungen, die auf das Jahr 1822 zurückgingen, für die Börsengeschäfte zu vereinheitlichen. In dieser Zeit entstand auch ein Terminhandel in der alten Hansestadt für Rüböl. Am 2. Dezember 1841 wurde in Hamburg die neu erbaute Börse eingeweiht. Am 4. Dezember zog die Kaufmannschaft in einem großen Umzug von der alten in die neue Börse um. Der neue Börsensaal war 2.350 Quadratmeter groß und das Gebäude fasste 5.000 Personen. Es gab eine Heizung und schon nach kurzer Zeit wurde die Beleuchtung von Öllampen auf Stadtgas umgestellt. In den Arkaden mieteten sich Kontore ein und im Obergeschoss fand sich Hoßtrups Börsenhalle (s. o.) wieder. Hoßtrup hatte sich inzwischen durch seinen Informationsdienst »Hamburger Börsenhalle« mit einem eigens entwickelten Telegraphendienst für die Börsianer unentbehrlich gemacht.[13] 1843 wurde in Preußen das Aktienrecht gesetzlich geregelt und die Neue Zürcher Zeitung begann damit, regelmäßige Kursberichte zu veröffentlichen. Den Anfang machten kurze Notizen von der Pariser Börse. In Frankfurt am Main wurde ein neues Börsengebäude eröffnet, das heute die Bezeichnung »Alte Börse« trägt.

Zwischen 1840 und 1844 stieg die Zahl der an der Berliner Börse notierten Eisenbahnaktien von zwei auf 29[14]. 1842 senkte

---

[13] Dieser Dienst wurde 1905 unter die Verwaltung der Hamburger Handelskammer gestellt. Er existierte bis 1921.

[14] 1841: 4 Eisenbahngesellschaften, 1842: 7, 1843: 17, 1920 waren es 194 Eisenbahnaktien bei insgesamt 296 Titeln.

die preußische Regierung den Zinssatz auf die eigenen Staatsobligationen um 0,5 auf 3,5 Prozent. Zum Ausgleich garantierte die Regierung Alt-Aktionären von Eisenbahngesellschaften eine Verzinsung von 3,5 Prozent auf den Nominalwert der gehaltenen Papiere. Dieses Gesetz förderte die Spekulation unter den Eisenbahnaktien. Zwischen dem 22.11.1842 und dem 1.4.1843 stieg der Kurs der Düsseldorf-Elberfelder Eisenbahn von 50 auf 70 Taler, dies entspricht einem Kursgewinn von 40 Prozent. Die Neuemission der Köln-Krefelder Eisenbahn vom 3.4.1844 war 21-fach überzeichnet. Bald erreichte die Spekulation mit Eisenbahnaktien ein solches Ausmaß, dass in verschiedenen Städten ein außerbörslicher Aktienhandel entstand. Um dem Treiben Einhalt zu gebieten, ordnete der König von Preußen am 24.5.1844 an, dass ohne Genehmigung durch das Finanzministerium keine Eisenbahngesellschaft mehr gegründet und Aktien ausgegeben werden dürften. Bestimmte Arten von Termingeschäften wurden sogar unter Strafe gestellt[15]. Diese Maßnahme löste einen ungeahnten Kursrutsch aus, der sich bis zum Jahresende fortsetzte. 1845/46 kam es in Deutschland zu schweren Missernten, die zu einer Rezession führten. 1846 verbot die Preußische Regierung deshalb den Handel ausländischer Aktien an Berliner Börse. Die Aktienkurse sanken in Deutschland trotz dieser protektionistischen Maßnahme weiter.

Goerge Hudson (1800-1871) stammte aus Yorkshire und war gelernter Tuchhändler. 1828 erbte er 30.000 Pfund, die er in die North Midland Railway investierte. Wenig später war er an der Gründung der York and West Riding Railway beteiligt. 1841 war er schon mächtig genug, um die Great North of England Railway zur Ausdehnung ihres Streckennetzes zu veranlassen. Persönlich

---

[15] Bereits 1840 verbot die preußische Regierung Termin- und Optionsgeschäfte in fremden Wertpapieren.

verbürgte er sich für eine Dividende von sechs Prozent, die das Projekt erzielen sollte. 1842 wurde er zum Präsident der Midland Railway ernannt. 1844 wehrt er sich öffentlich gegen das Überwachungsrecht der Regierung der Eisenbahnen. Er besaß nun Eisenbahnbeteiligungen in der Höhe von 300.000 Pfund und wurde Parlamentsabgeordneter. 1846 befand er sich auf der Höhe seines Erfolges, doch bereits das Jahr 1847 brachte einen Kurssturz bei den Eisenbahnaktien – und nun schaute man sich die Geschäfte Hudsons genauer an. Es kam heraus, dass er sich an verschiedenen Transaktionen bereichert hatte. Ein Prüfungsausschuss untersuchte die Vorgänge und Hudson legte einige seiner Ämter nieder. Der Eisenbahnkönig war in Ungnade gefallen.

1847 zeichneten sich auch in Deutschland große Insolvenzen ab, und 1848 kam es zur Revolution in Deutschland. Im gleichen Jahr, am 22. April, wurde von 82 Geschäftsleuten der Agrarindustrie in Chicago das Chicago Board of Trade (CBOT) gegründet. Industriedünger und eine Mechanisierung der Landwirtschaft hatten enorme Steigerungen in der Nahrungsmittelproduktion ausgelöst. Der Markt für Agrarprodukte musste sich dadurch ebenfalls verändern, und mit der CBOT manifestierte sich die Trennung der Waren-, Termin- und Aktienbörsen.

Die portugiesischen Brüder Jacob Emile (1800-1875) und Isaac Péreire (1806-1880) waren von saint-simonistischen Ideen beeinflusst, etwa der Vorstellung, dass die moderne Industriegesellschaft durch eine Kreditorganisation wohltätig gelenkt werden müsse. Sie gründeten deshalb 1852 die Société générale du Crédit Mobilier[16]. Karl Marx (1818-1883), der sich übrigens

---

[16] Sie war nach dem Vorbild der 1837 von Jacques Laffitte (1767-1844) gegründeten Caisse générale du commerce et de l'industrie konzipiert und diente als Vorbild für die 1853 in Darmstadt etablierte Bank für Handel und Industrie.

auf David Ricardo (1772-1823) berief, befasste sich als Journalist mehrfach mit der Crédit Mobilier und stand den riskanten Transaktionen der Gesellschaft schon früh skeptisch gegenüber. Marx verglich deren Operationen mit denen John Laws. Die Crédit Mobilier (CM) war Mitglied eines Konsortiums zum Bau der französischen Staatsbahn und verschaffte sich dabei enorme Privilegien. Hierzu gehörte beispielsweise das Recht, zehn Prozent des Reinertrags der Bahn, zuzüglich zu den anfallenden Zinserträgen, einzubehalten. Zudem stellte die CM den Verwaltungsrat, der auch zehn Prozent des Reinertrags erhielt. Darüber hinaus durfte der Verwaltungsrat ohne Rücksprache eigene Anleihen für die Gesellschaft begeben.

Die Brüder Péreire gründeten auch die Crédit Foncier für Geschäfte mit Grund und Boden, die Crédit Mutuel für das Handwerk und kleine Gewerbe und schließlich die Crédit Mobilier für Industrie und Eisenbahnen mit einem Grundkapital von 60 Millionen Francs. Ausgerechnet der Crédit Mobilier wurde es jedoch verboten, Obligationen auszugeben. Dies wäre aber für die langfristige Refinanzierung dringend notwendig gewesen.

Österreich war im Krimkrieg (1853-1856) gezwungen, seine staatlichen Eisenbahnen teilweise zu privatisieren und die Crédit Mobilier erhielt den Zuschlag. Da aber für solche Großprojekte die solide Refinanzierung fehlte, wurden die Aktien zum Spekulationsobjekt. Germanikus[17] stellte fest: »Die Crédit Mobilier gründete große und kleine Unternehmungen in Menge. Alle waren mit übertriebenen Kapitaltiteln belastet. Nicht nur wurden Aktien weit mehr, als das Bedürfnis erheischte, ausgegeben und wurden Gründer und Aufsichtsräte mit ausschweifenden, besonders materiellen Vorteilen bedacht; es wurden oft auch noch unter allerlei Vorwänden besondere Anleihen auf das wirkliche oder fiktive Vermögen gemacht. Hiervon bezahlte man einige

---

[17] Germanikus: Der zweite Pariser Krach, Leipzig 1883, S. 32.

fette Dividenden, wodurch die Menge der ›gemischten Rentiers‹ gereizt wurde und die Grundlage einer erfolgreichen Agiotage gewonnen war. Diese Agiotage wurde natürlich getrieben so weit als möglich, und dann verschwand das Zauberschloss. Aktionäre und Gläubiger sahen ins Leere.«[18] Das alles kommt einem bekannt vor, den auch im 21. Jahrhundert gingen genau aus diesen Gründen Unternehmen zu Grunde.

1852 wurden in Paris 203 Wertpapiere gehandelt: 119 Aktien und 84 Obligationen. Um der zahlreichen Besucher der Börse in Paris Herr zu werden, kostete es ab 1856 Eintritt, in den Handelssaal zu gelangen.

Am 24. August 1857 kollabierte die Ohio Life Insurance & Trust Co. Das Unternehmen besaß ein Aktienkapital von zwei Millionen US-Dollar und hatte fünf Millionen US-Dollar an Eisenbahngesellschaften verliehen, welche die Kredite veruntreuten und nicht zurückzahlten. Die Ohio musste Konkurs anmelden. Sie hatte selbst das Geld verliehen, welches sie als Kredit bei zahlreichen Banken aufgenommen hatte. Am Parkett brach Panik aus; in nur einer Sitzung fielen die Aktienpreise auf breiter Front bis zu zehn Prozent! In kurzer Zeit verlor der Markt schließlich 45 Prozent gegenüber dem Jahresbeginn. Vor allem Eisenbahnaktien waren von dem Kurseinbruch betroffen.

Die Krise spitzte sich bis Anfang September zu, als die Zinssätze für Tagesgeld um zehn bis zwölf Prozent kletterten. Bis

---

[18] Die US-Tochtergesellschaft der französischen Crédit Mobilier war für den Bau der Union Pacific zuständig und verschob rund 23 Mio. US-Dollar an Insider und Direktoren der Gesellschaft. 1872 flog der Betrug auf: Selbst US-Kongressabgeordnete waren in die windigen Geschäfte verwickelt und hatten sich bereichert. Als die Geschichte mitten im Wahlkampf um die US-Präsidentschaft aufflog, war der Skandal perfekt. Das Unternehmen geriet daraufhin in eine schwere Krise.

Ende September waren in mehreren Bundesstaaten rund 150 Banken zahlungsunfähig geworden. Der Diskontsatz stieg von 60 auf bis zu 100 Prozent. Diese Erhöhung führte zu einem massiven Druck auf die Banken, die nun so viele Kredite wie möglich glattstellen mussten, um ihre Ausreichungen an die seit August um rund ein Drittel geschrumpften Depositen anzupassen. Bis Mitte September sanken die Goldreserven der USA um 20 Millionen US-Dollar. Rettung sollte durch eine große Goldlieferung aus Kalifornien an die amerikanische Ostküste kommen. Der Schaufelraddampfer Central America sollte das Gold von Panama nach New York bringen. An Bord befand sich in etwa eine solche Menge Gold in Münzen und Barren, die einem Fünftel der New Yorker Goldreserven entsprach. Doch am 12. September 1857 geriet das Schiff unter Capt. William Herndon 200 Meilen vor der Küste South Carolinas in einem schweren Sturm in Seenot und sank. Der Goldschatz wurde 1987 in rund 2.500 Metern Tiefe wiederentdeckt. Es war einer der größten Schatzfunde aller Zeiten.

Der New Yorker Banker und General William Tecumseh Sherman erinnerte sich später, dass die Nachricht vom Untergang der SS Central America eine Panik auslöste: Als über Telegraph die Unglücksmeldung verbreitet wurde, kam es am 13. Oktober zu einem kollektiven Run auf die New Yorker Banken. Zuerst stürmten die Anleger die Räume der American Exchange Bank und zogen ihre Guthaben ab, danach wurden die Büros der Bank of America und der Mechanics Bank von aufgebrachten Kunden belagert. Mit Taschen voller Geld und Gold zogen die Kunden ab. Wie ein Lauffeuer breitete sich die Nachricht vom Sturm auf die Schalterhallen aus. Insgesamt 18 Geldhäuser mussten sich am Nachmittag dieses Tages für zahlungsunfähig erklären. Noch schlimmer war die Situation am nächsten Morgen; von 33 Banken in der Stadt öffnete nur noch eine einzige ihre Schalter. Nun weitete sich die Krise über das gesamte Land aus. Im Oktober 1857 stellten insgesamt 1.415 Banken ihren Zahlungsverkehr ein. Rund 5.000 Unternehmen in den USA gingen bankrott und New York erlebte im November mehrere Hungerdemonstrationen. 100.000 Menschen in der Stadt verloren ihre Arbeit.

Dann griff die Krise auf Europa über, wo sie einige Banken in Schottland als Opfer forderte. Die Bank of England geriet nach kurzer Zeit in solche Bedrängnis, dass sie ermächtigt wurde, die Goldeinlösepflicht vorläufig außer Kraft zu setzten. Innerhalb nur weniger Wochen geriet auch Kontinentaleuropa in den Sog der US-Krise. Hier manifestierte sich zum ersten Mal die weltwirtschaftliche Bedeutung der USA – kaum jemand konnte sich den Konsequenzen des New Yorker Crashs entziehen. Die Anhänger von Karl Marx sahen sich durch die Ereignisse in ihrer Überzeugung vom bevorstehenden Untergang des Kapitalismus bestätigt – vor allem der Unternehmersohn Engels frohlockte.

Die große Zeit der »Robber Barons«

Inmitten der Krise von 1857 begegnen wir erstmals einer bemerkenswerten Gestalt der Wall Street: Jason Gould (1836-1892). Der Farmersohn aus dem Staat New York war gerade 21 Jahre alt. Jay, wie er genannt wurde, gehörte damals eine große Gerberei in Gouldsboro, Pennsylvania, und hatte seinen Partner Zadoc Pratt vor kurzem mit einigen Tricks ausgebootet. Gould hatte danach in einer waghalsigen Operation versucht, den Markt für Tierhäute unter seine Kontrolle zu bringen – mit Erfolg. Auf dem Papier besaß er auf dem Höhepunkt seiner Spekulation die stattliche Summe von einer Million US-Dollar in Tierhäuten. Mit dem Debakel vom Spätsommer 1857 waren

Goulds Kontrakte mit einem Schlag wertlos. Doch es gelang ihm, mitten in der Panik die Aktienmehrheit der Rutland & Washington Railroad für 10 Cents pro Dollar Nennwert zu kaufen. Ein genialer Coup.

Im Herbst erreichte die US-Krise auch Hamburg. Mit dem Zusammenschluss mehrerer Banken und Handelshäuser zum so genannten Garantie-Disconto-Verein versuchten sich die Kaufleute der Hansestadt dagegen zu wappnen. Der Verein verfügte über ein Garantievermögen von zwölf Millionen Mark, doch bereits Ende November 1857 waren die ersten Mitglieder in Konkurs gegangen. In den nächsten Wochen mussten zehn von zwölf Unternehmen, die im Skandinavienhandel tätig waren, aufgeben. Den Hamburger Banken drohte die Zahlungsunfähigkeit und die Schiffe im Hafen weigerten sich, ihre Waren zu löschen, da befürchtet wurde, die Waren könnten nicht bezahlt werden. Damit die offenen Darlehen der Hamburger Kaufleute beglichen werden konnten, musste dringend frisches Geld in die Stadt kommen, doch die meisten Großbanken lehnten ab. Nur Wien erklärte sich bereit, das benötigte Geld zu schicken. Am 12. Dezember 1857 traf am Hamburger Hauptbahnhof der mit Silber beladene Zug aus Wien ein und gleich darauf wurden Darlehen an die Hamburger Bankiers verteilt. Nun entluden die Schiffe ihre Waren und der Handel kam wieder in Schwung.

1861 wurde es in Deutschland Pflicht, dass private Anleger ihre Börsengeschäfte über eine Bank abwickeln mussten. Seit etwa 1840 hatten immer mehr Privatinvestoren diesen Weg gewählt. 1864 waren an der Bremer Börse 799 Firmen mit 1.063 Mitarbeitern und 249 Gehilfen zugelassen. Außerdem bevölkerten 79 Makler und 42 Agenten das Parkett. Sie war inzwischen zum führenden Handelsplatz für Petroleum in Europa aufgestiegen.

In den Jahren 1860-65 überzog der US-Bürgerkrieg das Land und verursachte tiefgreifende soziale und ökonomische Veränderungen. Erstmals spielten Eisenbahnen und Fabriken in einem Krieg eine strategische Rolle. Soldaten mit in Großserie gefertigten Waffen wurden über weite Strecken verlegt. Schnell erkannten Investoren die Bedeutung der Eisenbahnen, und die Aktien der Betreibergesellschaften waren heiß begehrt. Henry Varnum Poor (1812-1905) sammelte eifrig Finanzinformationen über die Bahngesellschaften und veröffentlichte 1860 sein Handbuch »The History of Railroads and Canals of the United States«[19]. Dieses Nachschlagewerk bildete die Grundlage der heute so mächtigen Rating-Agentur Standard & Poor's, die später auch so wichtige Indizes wie den S&P 500 für die NYSE ermitteln sollte. Der Eisenbahnboom jedenfalls war in diesen kriegerischen Jahren ungebrochen und bot unternehmerischen Männern günstige Perspektiven. So sehen wir 1863 den schon bekannten Jay Gould plötzlich als Manager bei der Rensselaer and Saratoga Railway.

Gegen Ende des Sezessionskrieges zog die New York Stock Exchange in ein fünfstöckiges Gebäude an der Broad Street Nummer 10. Der sich schnell ausweitende Handel mit Eisenbahnaktien war den Verantwortlichen der NYSE jedoch bald zu spekulativ. Die Broker, die sich auf diese »Technologie-Aktien« stürzten, etablierten deshalb den Handel bald auf der Straße – die so genannt Curb Exchange entstand. Es dauerte bis zum Jahr 1921, bis die Curb den Handel von der Straße in ein benachbartes Gebäude verlagerte. Aus den einstigen Straßenhändlern entwickelte sich später die 1953 gegründete American Stock Exchange.

---

[19] 1868 folgte »Poor's Manual of Railroads«.

Zurück zu den Ereignissen von 1867. In jenem Jahr wurde der erste Börsenticker an der NYSE installiert. Erfunden hatte ihn Edward A. Calahan (1838-1912) von der American Telegraph Company. Die Möglichkeit, aktuelle Kursnotizen mit nie gekannter Geschwindigkeit über große Distanzen zu verbreiten, revolutionierte den Handel. Die Laufburschen, die bis dahin die Kurse an die Händler übermittelt hatten, wurden überflüssig. Deren Aufgabe war es gewesen, die aktuellen Kursnotizen vom Börsenparkett so schnell wie möglich in die Büros der Broker in benachbarten Gebäuden zu bringen. Für jede gehandelte Aktie und jeden Rohstoff gab es einen eigenen Läufer. Als der erste Ticker bei David Groesbeck & Co. installiert wurde, misstrauten die Broker dem Gerät. Es kursierte die Geschichte eines Brokers namens William Heath, der nach wie vor die aktuellen Kurse noch in die einzelnen Büros seiner Kollegen brüllte, obwohl die schon längst durch den neuen Ticker über die aktuellen Entwicklungen informiert waren.

Als Calahan seinen vierten Ticker installiert hatte, warteten bereits 100 weitere Kunden auf die technische Neuerung. Der Handel an der Wall Street beschleunigte sich deutlich durch diese Innovation.

1868 begann Jay Gould, sich an der Wall Street zu engagieren. 1865 hatte er Jim Fisk (1834-1872) kennen gelernt. Der war während des Bürgerkriegs mit dem Handel von Textilien reich geworden, hatte sich aber an der Wall Street verspekuliert und dabei viel Geld verloren. Mit der Hilfe seines Geschäftspartners Daniel Drew (1797-1879) eröffnete Fisk in New York ein kleines Broker-Geschäft: Fisk and Belden. Drew hatte seine wechselvolle Karriere als Viehtreiber und -händler begonnen und 1844 das Brokerhaus Drew, Robinson & Co. in New York eröffnet. Dann wurde Drew Finanzchef und Direktor der Erie Railway. Er erinnerte sich seiner Freunde, und im Oktober 1867 wurden Gould und Fisk ebenfalls Direktoren bei der Erie. Diese 1832 gegründete Eisenbahngesellschaft verband New York City, Buffalo und Chicago. 1851 war die Verbindung fertiggestellt worden. Es war die einzige Eisenbahngesellschaft im Nordosten, die Cornelius »Commodore« Vanderbilt (1794-1877) nicht kontrollierte. Aus dieser Konstellation entwickelte sich der berühmte Kampf zwischen Gould und Vanderbildt um die »Scharlachrote Lady der Wall Street«, wie man die Erie Railway bald nannte.

Daniel Drew trug den Spitznamen »Great Bear«, weil er als Short Seller20 bekannt war. Typischerweise verkaufte er sogar dann noch große Aktienpakte der Erie, wenn er selbst short war – auf diese Weise machte er enorme Profite. Fisks Brokerfirma kassierte dabei die Kommissionen für diese Deals, und Fisk selbst wurde durch weitere Insidertrades reich.

Seit 1850 durften die Gesellschaften auch Wandelanleihen (engl.: Convertibles) ausgeben. Der Käufer eines solchen Papiers hat das Recht, die zinstragende Anleihe zu bestimmten Konditionen in die Aktien einer Gesellschaft zu wandeln. So wird die Sicherheit eines Bonds mit den Chancen einer Aktie gekoppelt. Daniel Drew schreckte auch nicht davor zurück, das neue Anlage-Instrument für seine Manipulationen um die Erie Railway zu nutzen.

Drew und Vanderbilt kannten sich zwar seit Jahren, trotzdem bekämpften sie sich nun mit allen Mitteln. Der »Commodore« versuchte, die Aktie der Erie zu cornern, d .h. sämtliche verfügbaren Papiere aufzukaufen, um die Mehrheit zu gewinnen. Er begann also systematisch, die ausstehenden 250.000 Aktien der Erie zu kaufen. Drew konnte sich jedoch wehren, indem er Wandelanleihen emittierte – was er zur Abwehr der Übernahme auch tat. Gould warf zudem noch 50.000 nicht genehmigte

---

20 »Also jemand der Leerverkäufe tätigt. Dabei tritt der Short Seller als Verkäufer von Wertpapieren auf, die er zum Verkaufszeitpunkt (noch) nicht besitzt.«

Aktien der Gesellschaft auf den Markt. Vanderbilt wollte zwar gerichtlich gegen den Betrug vorgehen, doch nachdem Gould und Fisk die Behörden mit einer Million US-Dollar bestochen hatten, wurden die Papiere in Umlauf gebracht. Damit sollten – so die Begründung – die neu emittierten Wandelanleihen bedient werden; dies war ebenfalls eine betrügerische Manipulation. Zur Sicherheit verlegten Gould und Fisk den Firmensitz der Erie nach New Jersey. Zum Schutz vor Vanderbilts Männern sicherten sie das ufernahe Gebäude mit Kanonen und ließen vier Boote mit Bewaffneten davor patrouillieren.

Revolverhelden waren in der hohen Zeit des Wilden Westens nichts Ungewöhnliches. William Cody (1845-1917), alias Buffalo Bill, rottete ganze Büffelherden aus, um das Heer der Eisenbahnarbeiter der Union Pacific mit Fleisch zu versorgen und zugleich den nomadischen Indianerstämmen die Lebensgrundlage zu entziehen. Jesse James (1847-1882) und seine Bande gehörten in jenen Jahren zu den berüchtigten Bankräubern und Outlaws des Westens.

Es waren raue Zeiten und Gould war kein Mann, der klein beigab. 1869 begann er, den Ausbau der Erie voranzutreiben. Bei der Übernahme der United States Express Company hatte er drei Millionen US-Dollar kassiert, die er nun investierte. Ein Fehlschlag war allerdings die versuchte Übernahme der 142 Meilen langen Albany and Susquehanna Railroad; diese Auseinandersetzung ging als »Susquehanna War« in die Geschichte der Wall Street ein. Die Bahnlinie sollte mit allen Mitteln dem Imperium der Erie einverleibt werden. Westlich von Binghamton eskalierte die Situation dann im so genannten »Battle of the Tunnel«, bei dem Hunderte Arbeiter aufeinander losgingen und Lokomotiven auf Kollisionskurs fuhren. Ein Spektakel, wie es zu den theatralischen Auftritten von Fisk mit seiner Liebe für prächtige Uniformen nicht besser passen konnte. Wen wundert es, dass er nach dem bekannten Zirkus den Beinamen »Barnum der Wall Street« trug? Letztlich erhielten Gould und Fisk trotzdem die Mehrheit an der Eisenbahnlinie.

Währenddessen ging der Kampf um die Erie unvermindert weiter. Vanderbilt besaß schließlich zwar über 200.000 Aktien der Erie, hatte aber immer noch nicht die Kontrolle über die Gesellschaft. Der Schwindel mit den betrügerisch emittierten Aktien flog auf, und Gould sollte nach einer Anzeige von Vanderbilt in einem Hotel in New Jersey verhaftet werden. Erneut gelang es ihm, die Behörden mit 500.000 US-Dollar zu bestechen und zu entkommen. Daniel Drew war inzwischen von Gould und Fisk ausgetrickst worden und reiste derweil heimlich nach New York. Er wollte Rache und einigte sich deshalb mit seinem alten Freund Vanderbilt darauf, illegale Aktien für acht Millionen US-Dollar vom Markt zurückzuziehen. Das Duo Gould/Fisk hatte das Nachsehen. Doch nicht lange, denn als Reaktion schlossen sich die beiden den erbitterten Gegnern Vanderbilts an: William »Boss« Tweed (1823-1878) und Peter B. Sweeney (1825-1911), die ebenfalls verhindern wollten, dass der »Commodore« die Kontrolle über die Erie Railway erhielt. Der gelernte Sattler Tweed war der korrupte Anführer der Demokraten in New York. Er hatte sich mit Hilfe der Straßengang »Dead Rabbits« an die Macht gebracht und durch Bestechlichkeit mindestens 20 Millionen US-Dollar beiseitegeschafft. Sein Kumpan, der Rechtsanwalt Sweeney, galt als Kopf des Rings um »Boss« Tweed. Das Duo nahm erfolgreich Einfluss auf die Richter in New York, um die Aktienemissionen von Gould und Fisk nachträglich zu legalisieren. Bis Oktober 1868 gaben sie dann für weitere 23 Millionen US-Dollar neue Aktien auf die Erie aus.

Inmitten dieser Wirren begann ein junger Bankier seinen unaufhaltsamen Aufstieg: John Pierpont Morgan (1837-1913). Nach Abschluss der Schule in Vevey, Schweiz, und dem Studium in

Göttingen war er 1856 ins Bankhaus seines Vaters in London eingetreten. Nun nahm es der massiv gebaute J. P. Morgan mit Gould und Fisk auf. Er rang ihnen schließlich die Kontrolle über die Albany & Susquehanna Railroad ab. Gould behielt aber immer noch die Kontrolle über die Erie und gab für 20 Millionen US-Dollar neue Aktien aus. Den Erlös teilte er heimlich unter den neuen Teilhabern auf. So kaufte er sich Freiheit und Schweigen. Von diesem enormen Mittelabfluss sollte sich die Gesellschaft nie mehr erholen.

Diese wilden Manipulationen um die Erie-Eisenbahnlinie führten letztlich zu verschärften Zulassungsregeln und Kontrollen an der NYSE.

Jay Goulds größter Coup

Vom 22. bis zum 26. September 1869 herrschte erneut Panik an der Börse, als Gould und Fisk versuchten, den Goldmarkt zu cornern. Gould hatte sogar den Schwager des US-Präsidenten, Abel C. Corbin, bestochen, um zu erfahren, wie US-Präsident Ulysses S. Grant (1822-1885) auf die Spekulation reagieren würde. Als ehemaliger Bürgerkriegsgeneral war Grant ein ernst zu nehmender Gegner. Seit der Einführung des US-Dollars durch den bereits erwähnten Alexander Hamilton bestand – bis auf wenige Ausnahmen – eine Einlösepflicht der Notenbank für Dollar-Scheine in Gold. Für rund 130 US-Dollar in Banknoten erhielt man normalerweise Gold im Wert von 100 Dollar. Letztlich errechnete sich auch der Dollar-Wechselkurs zum Pound Sterling über den Gegenwert in Gold. Ab August 1869 trieben Gould und Fisk den Goldpreis von 138 auf 140 Dollar und schließlich sogar auf 150 Dollar. International verlor der Greenback dramatisch gegen das englische Pfund. Bald stellte sich die Frage, wie lange die Bank of England das Spiel mitmachen und die Koppelung des Pfundes an das Gold aufrechterhalten konnte. Gould gelang es am Freitag, dem 24. September, den Goldpreis sogar auf 162 Dollar zu treiben. Am Goldmarkt steigerte sich das Entsetzen, als der Gold-Ticker kurze Zeit ausfiel und die Händler keine aktuellen Notierungen mehr zur Information bekamen. Keiner wusste, wie schlimm die Lage wirklich war. Dann griff auf Anweisung von Ulysses S. Grant das US-amerikanische Zentralbanksystem Fed ein und verkaufte für umgerechnet fünf Millionen US-Dollar Gold. Der Preis des Edelmetalls sank wieder auf ein Niveau von 133 Dollar – die Lage beruhigte sich. Während Fisk einen Großteil seines eingesetzten Vermögens bei der Spekulation verlor, hatte Gould heimlich rechtzeitig seine Gewinne mitgenommen; er kassierte dadurch elf Millionen US-Dollar. Fisk dagegen musste sich vor seinen Gläubigern im Opera House verstecken. Seine Schulden übertrug er auf seinen ebenfalls bankrotten Geschäftspartner William Belden. Dieser denkwürdige Tag ging als der erste »Black Friday« in die Annalen der Wall Street ein.[21]

---

[21] Die London Stock Exchange erlebte ihren ersten Schwarzen Freitag am 11. Mai 1866, wenige Tage nach einem Kursrutsch in Preußen. Nach der Mobilmachung gegen Dänemark am 2. Mai 1866 reagierten Anleger in Berlin mit Verkäufen in großem Stil. Die Preußische Bank erhöhte am 9. Mai 1866 die Leitzinsen auf 9 Prozent. Nur einen Tag später kam die Pleite von Overend, Gurney & Co. Ltd. in London. Die Bank musste bei einer Schuldenlast von fünf Millionen Pfund die Zahlungen einstellen. Die Bank of England reagierte und hob den Diskontsatz auf 10 Prozent, wodurch es kaum Auswirkungen auf andere Finanzplätze gab und sich die Lage nach wenigen Tagen wieder beruhigte. Erst im Juli 1865 war die Aktie an die Börse gebracht worden und traf dort auf eine große Nachfrage. Der Gesellschafter D. W. Chapman war für seine pompösen Empfänge in London berühmt. Mit seinem Buchhalter Erward Watkins betrieb er Geschäfte, welche die Bank fast in den Ruin trieben. Die Pleite der Eisenbahngesellschaft Watson, Overend and Co. im Januar 1866 schlug auch auf die Bank mit dem ähnlichen Namen durch.

Der junge Thomas Alva Edison (1847-1931) hatte die Panik an der Goldbörse von der Kabine der Western Union aus beobachtet. Goulds Verdienst war es gewesen, dass Western Union den Markt für Börsenticker beherrschte, denn er war Hauptaktionär sowohl von Western Union als auch der Nachrichtenagentur AP – eine perfekte Synergie. Thomas Edison, damals 22 Jahre alt und arbeitslos, hauste im Keller des Gebäudes. Nun also beobachtete er das Durcheinander am Parkett. Ein Gold Indicator von Law konnte das Volumen der Umsätze kaum bewältigen und begann zu stocken. Edison fand als versierter Techniker den Fehler und reparierte kurzerhand das defekte Gerät. Franklin Pope erkannte das Talent von Edison und beide wurden kurz nach den dramatischen Ereignissen an der Börse Partner. Edison soll die ungeheure Summe von 40.000 US-Dollar für seine Verbesserung der Ticker bekommen haben – im Jahr 2000 hätte das einem Gegenwert von elf Millionen US-Dollar entsprochen! Pope machte Edison kurze Zeit später mit Marshall Lefferts bekannt, der Präsident einer Gold & Stock Telegraph Company wurde, welche die Patente des Calahan-Tickers und auch die von Laws Gold Indicator übernahm. Schon nach kurzer Zeit entwickelte sich die neue Firma zu einem ernsten Konkurrenten der etablierten Western Union. Beide Systeme druckten auf einem 3/4-inch breiten Papierstreifen, dem berühmten Ticker-Tape. Allerdings war der Edison-Ticker schneller und zuverlässiger. Der neue Edison-Ticker wurde in veränderter Form bis 1966 gebaut. Druckgeschwindigkeit und Papierbreite waren die Restriktionen des Informationsflusses; ab einem bestimmten Umsatzvolumen konnte der Ticker die Datenmenge nicht mehr verarbeiten. Wir werden sehen, dass dies schwerwiegende Folgen haben sollte.

Specialists, Brokers und Pools

1871 wurde der kontinuierliche Handel an der NYSE eingeführt. Diese Neuerung schuf eine neue Berufsgruppe: den Specialist. Ein Broker musste ab diesem Zeitpunkt einen Specialist für einen Deal suchen. Der wiederum handelte in nur einer Aktie und erhielt eine Kommission von etwa einem Achtel Punkt je Transaktion, also für Kauf und Verkauf, konnte aber nicht auf eigene Rechnung Handel betreiben. Er musste Anbieter und Käufer zusammenbringen und das Orderbuch führen. Dadurch, dass der Specialist den Überblick über den gesamten Markt für die von ihm betreuten Aktien hatte, war er verpflichtet, nur solche Kurse zu stellen, die allzu große Kursausschläge vermieden. Dies gilt vor allem für die Eröffnungskurse, die oft stark von den letzten Schlusskursen abweichen können. Eine wichtige Funktion des Specialists ist bis heute die Stabilisierung des Handels. Während eines Crashs war dieses System jedoch kaum operabel. Die Mängel zeigten sich selbst noch beim Crash von 1987, als viele Händler am Parkett das Telefon nicht abnahmen oder ihre Computer einfach abschalteten. Dadurch stockte der Handel und wurde nur mit hohen Spreads, also großen Spannen zwischen dem Angebotspreis (Briefkurs) und dem niedrigeren Nachfragekurs (Geldkurs) wieder aufgenommen. Anstatt den Handel zu stabilisieren, führte das System sogar zu einer weiteren Destabilisierung des Marktes.

1871 gab es natürlich noch keine Telefone und Computer. Dafür hatte der Handel mit anderen Schwierigkeiten zu kämpfen. Kleine Handelshäuser hatten häufig zu wenige Partner am Parkett. In bestimmten Situationen konnten deshalb für einige Titel keine fairen Kurse gestellt werden. Daher wurden bei großem Handelsvolumen die so genannten Drei-Dollar-Broker hinzugezogen. Wie der Name besagt, berechneten sie pro 100 gehandelte Aktien drei Dollar als Kommission. Im Gegensatz zu den Specialists konnten so genannte Room Traders auch auf eigene Rechnung handeln. Alle Transaktion mussten bis 14:15 Uhr am nächsten Tag, zur so genannten Delivery Time, abgeschlossen sein. Für ausländische Werte war eine Delayed Delivery möglich, also eine noch spätere Abwicklung. Viele Aktien wurden über einen Broker Loan, also einen Kredit, verkauft. Dabei mussten nur 50 Prozent des Kaufpreises bis zur Abwicklung des Deals gezahlt werden. In fallenden Märkten wurden die restlichen 50 Prozent allerdings über Nacht oder manchmal schon nach wenigen Stunden fällig. Wer sich dann verspekulierte, den traf es besonders bitter, weil die Kreditsumme sofort fällig wurde. Im Ernstfall konnte bei einem solchen Margin Call das Kundendepot zwangsliquidiert werden.

Broker schlossen sich bald zu so genannten Hausse Pools zusammen. Diese bündelten ihre Kaufaufträge und übergaben sie einem Pool-Manager. Der versuchte, den entsprechenden Specialist, der das Orderbuch der bevorzugten Aktie führte, als Verbündeten zu gewinnen. Nun begann der Pool, den Kurs der Aktie durch gezielte Transaktionen unter den Teilnehmern des Pools in die Höhe zu treiben. Erst wurden nur kleine Stückzahlen gehandelt, dann immer größere. Weitere Investoren wurden durch die Kursnotizen auf dem Tickerband oder der riesigen Anzeigetafel im Handelssaal, dem Big Board, angelockt. Absichtlich gestreute Informationen taten ein Übriges, um neue Anleger zu gewinnen. Entscheidend für den Pool war es nun, rechtzeitig auszusteigen und die Gewinne mitzunehmen. Heute sind solche Transaktionen strafbar.

Die drohende Kriegserklärung Frankreichs löste am 11. Juli 1870 eine Panik an der Berliner Börse aus. Am Tag der Kriegserklärung, dem 19. Juli, kam es zu einem erneuten Kursrutsch. Einige Aktien verloren in wenigen Tagen rund 30 Prozent ihres Werts. Die günstige Entwicklung des Kriegsgeschehens ließ aber die Kurse unmittelbar wieder steigen. Der verlorene Deutsch-Französische Krieg war nach der Revolution von 1848 der zweite schwere Rückschlag für das Bestreben der Pariser Börse, mit London gleichziehen zu wollen. Paris spielte von da an in der zweiten Liga. Im siegreichen Preußen kam es zu einem Gründerboom. So wurden in Preußen 1870 die Aktien von 340 Gesellschaften gehandelt. In den Jahren 1871/72 wurden im Deutschen Reich 780 neue Aktiengesellschaften gegründet. Im Jahr 1871 schafften davon 104 den Gang an die Berliner Börse. In ganz Deutschland waren es 256 Neuemissionen. Unter ihnen befanden sich 70 Bankgesellschaften. 1872 wurden im Deutschen Reich 167 Unternehmen neu an der Börse notiert. Bis 1874 stieg ihre Zahl auf 857. Allein 751 davon waren Industrieunternehmen[22]. Der Nennwert für Namensaktien wurde gesetzlich auf 150 Mark festgelegt, der für Inhaberaktien auf 300 Mark. Die Einsetzung eines Aufsichtsrates war von nun an verpflichtend. Die durchschnittlichen täglichen Handelsumsätze der Berliner Börse lagen vor dem Deutsch-Französischen Krieg selten höher als circa 24,5 Millionen Taler. Nach dem gewonnenen Krieg stiegen sie auf rund 60,5 Millionen Taler. Einen Eindruck vom Ausmaß des Börsenbooms erhält man, wenn man bedenkt, dass die Emission der Berliner Maklerbank 326-fach überzeichnet war.

Die Eröffnung der Weltausstellung in Wien am 1. Mai 1873 war ein Reinfall. Die Besucherzahl blieb weit hinter den Erwartungen zurück, und so verzeichneten die Veranstalter gleich zu Beginn ein großes Defizit. Einige mit der Ausstellung eng verbundene Firmen meldeten Konkurs an. Es kam zu einer Kettenreaktion. Am 8. Mai meldeten 100 börsengehandelte Unternehmen die Insolvenz. Einen Tag später kam es zu einem

---

[22] 1910: 2.661 Notierungen.

enormen Kursrutsch an der Wiener Börse. Der Crash griff auch auf Berlin über. Dort gingen im Jahr 1874 123 Unternehmen in Konkurs. 37 weitere Gesellschaften, die erst kurz zuvor an die Börse gegangen waren, wurden bereits vor Jahresbeginn wieder liquidiert.

Zurück zu Gould und seinen Konsorten. Jay Gould arbeitete nach seinem Gold-Coup beim Brokerhaus Smith, Gould & Martin, das 1870 in Konkurs ging. Im März 1874 kollabierte die Erie-Eisenbahngesellschaft. Schadensersatzklagen gegen Gould wurden gegen eine Zahlung von neun Millionen US-Dollar eingestellt. Später investierte Gould in die Union Pacific Railroad, 1878 verspekulierte er sich allerdings massiv.[23] Doch er schaffte es erneut, sich innerhalb weniger Jahre ein neues Eisenbahnimperium zu schaffen und verfügte schließlich über ein Vermögen von schätzungsweise 25 Millionen US-Dollar. Er baute sein Imperium gezielt aus, und besaß 1881 rund 25.000 Streckenkilometer oder etwa 15 Prozent des Eisenbahnnetzes der USA. Auch bei seinen neuen Gesellschaften manipulierte er ungeniert die Aktienkurse und strich die Gewinne daraus ein. Er hinterließ ein Vermögen von rund 77 Millionen US-Dollar. Sein ältester Sohn George, ein großmäuliger Sportler und in finanziellen Angelegenheiten unbegabt, erbte den Konzern, doch der Börsen-Crash von 1907 zwang ihn zum Verkauf. Jays Tochter Anna heiratete einen französischen Adligen, den Chevalier

---

[23] Die französische Crédit Mobilier (gegr. 1852) der Gebrüder Emile und Isaac Péreire war für den Bau der Union Pacific zuständig und verschob rund 23 Millionen US-Dollar an Insider und Direktoren der Gesellschaft. 1872 flog der Betrug auf und das Unternehmen geriet in eine schwere Krise. Die Brüder Péreire waren portugiesische Juden, die von der saint-simonistischen Idee beeinflusst waren, dass die moderne Industriegesellschaft durch eine Kreditorganisation wohltätig gelenkt werden müsse. 1856 erreichte der Börsenkurs der Aktie den Höchststand von 2.000 Francs. Am 21. November 1867 betrug der Wert der Aktie nur noch 145 Francs.

Boni de Castellane. In Paris fiel sie vor allem durch ihr schlechtes Benehmen auf und kam mit ihrer Scheidung nochmals in die Schlagzeilen.

Die Manipulationen von Fisk und Gould hatten ein gerichtliches Nachspiel für seine Helfershelfer. The Honorable William M. Tweed wurde wegen der Betrügereien rund um die Erie Railway zu zwölf Jahren Gefängnis verurteilt, die sein so genannter Tammany-Ring gedeckt hatte. Tweed gelang jedoch die Flucht über Cuba nach Spanien, als man ihm einmal erlaubte, sein Haus zu besuchen. Erst vier Jahre später landete er wieder im Gefängnis und sagte er gegen die Verantwortlichen aus. Er starb kurz danach hinter Gittern.

Mit Jim Fisk ging es nach seinen Verlusten von 1869 steil bergab. Als er 1871 in New York am Orange-Day-Marsch der irischen Einwanderer auf der 8th Avenue teilnahm, kam es zu massiven Zusammenstößen der protestantischen mit den katholischen Iren. Fisk musste um sein Leben rennen und floh durch Manhattan. Insgesamt 45 Menschen starben bei den Ausschreitungen. Auch sonst lief es für ihn schlecht. Seine Ex-Freundin, die Schauspielerin Josie Mansfield und ihr neuer Liebhaber Edward S. Stokes – prekärerweise ein ehemaliger Geschäftsfreund – wollten ihn wegen seiner brisanten Liebesbriefe an Josie verklagen. Bei einem Zusammentreffen der Kontrahenten im Treppenhaus des New Yorker Grand Central Hotel am 6. Januar 1872 um 16 Uhr zückte Stokes eine Waffe und schoss ohne Warnung auf Fisk. Die Kugel traf ihn in den Bauch. Er war noch in der Lage, herbeigeeilten Helfern den Schützen zu nennen. Jim Fisk starb am Morgen des 7. Januar. Stokes wurde am 6. Januar 1873 wegen Mordes verurteilt.

Überraschung zum Mittagessen

Den kurzen Boom dieser Jahre dämpfte der »Krach« von 1873, als sich in Philadelphia das Bankhaus Jay Cooke & Co. mit Eisenbahnaktien verspekuliert hatte. Und dazu kam es so: Einer der ersten Investment-Banker der USA war der 1821 geborene Jay Cooke († 1905). Er begann seine Karriere 1839 bei E. W. Clark & Company in Philadelphia. Während des Krieges mit Mexiko (1846-48) war Cooke für den Vertrieb von Kriegsanleihen zuständig. Trotz des Erfolges ging das Bankhaus bei der Panik von 1857 in Konkurs. 1861 war Jay Cooke & Company wieder an der Wall Street aktiv, diesmal verkaufte er Anleihen für den Civil War. Cookes beachtliche Vertriebsorganisation mit rund 2.500 Agenten war in den gesamten Nordstaaten aktiv. Bereits im Gründungsjahr erzielte er einen Marktanteil von rund 20 Prozent. Niemand hatte zuvor erfolgreicher die Finanzierung eines Krieges betrieben. Cooke legte damit die Grundlagen für die Art und Weise, mit der die USA sich in beiden Weltkriegen die ökonomische Überlegenheit für den militärischen Sieg sicherte. Das Vertriebskonzept von Cooke sollte in einigen Jahrzehnten den USA zum Aufstieg zur Weltmacht verhelfen.

Bis 1864 hatte Cooke Anleihen für 362 Millionen US-Dollar verkauft und offiziell selbst einen Reingewinn von 220.000 Dollar kassiert. Dann war der Markt gesättigt. Im Krisenjahr 1869 kaufte er die Northern Pacific Railroad. Die anhaltend schwierige Situation zwang ihn 1873 dazu, J. P. Morgan um Geld zu bitten. Morgan half zwar, aber die Situation verschlimmerte sich für Cooke, weil im Hintergrund J. P. Morgan die Finger im Spiel hatte. Er führte ein Syndikat an, das die staatlichen Privilegien für Jay Cooke verhinderte. Morgan erweiterte durch diesen Schachzug gleichzeitig sein Eisenbahnimperium.

Im Juni 1873 kam es zum Banken-Krach in Wien. Die Krise weitete sich über das Deutsche Reich und Europa bis in die USA aus. Am 13. September ging die Firma des schon bekannten Daniel Drew, die Kenyon, Cox & Company, in Konkurs. Drew verlor dabei den größten Teil seines Vermögens von immerhin 15 Millionen US-Dollar. An der Börse gerieten die Aktien ins Rutschen. Am 17. des Monats trieben Short-Seller den Markt nach unten und schon einen Tag später, um 11 Uhr morgens, musste H. C. Fahnstock, der Partner von Cooke, das New Yorker Geschäft schließen. Jay Cooke hatte sich bei der Finanzierung der North Pacific Railway übernommen, der Crash gab dem angeschlagenen Unternehmen nun den Rest. Während Cooke noch mit US-Präsident Grant beim Essen zusammensaß, verschlimmerte sich die Lage mit jeder Minute. Um 14:30 Uhr war der bekannteste Banker der USA pleite. Als Jay Cooke die Schreckensmeldung erreichte, wollte er es nicht glauben – doch es war die bittere Wahrheit. Cooke fühlte sich betrogen, verraten von seinen Freunden, denen er vertraut hatte. An der Wall Street gab es kein Halten mehr, die Kurse fielen dramatisch. Gerüchte kursierten, Cornelius Vanderbildt sei der nächste Kandidat für einen Konkurs. Am 20. September 1864 verkündete die New York Stock Exchange, sie würde für zehn Tage schließen – zum ersten Mal in ihrer Geschichte.

Die Konsequenzen der Krise waren dramatisch. Mehr als die Hälfte der US-Eisenbahngesellschaften konnte ihre Anleihen nicht mehr bedienen. In der Folge mussten bis zu 5.000 Unternehmen Konkurs anmelden. Ausländische Investoren mieden für die nächsten Jahre die USA. Es gab allerdings einen Gewinner: J. P. Morgan. Nach dem Aus für Cooke übernahm das Bankhaus Morgan den Vertrieb von Gouvernement Loans.

Charles Dows große Idee

1878 wurde das erste Telefon an der NYSE installiert und die Börse von Tokyo eröffnet. Nur ein einziges Mal zuvor, nämlich 1867, war es so günstig, Mitglied der NYSE zu werden; es kostete nämlich nur 4.000 Dollar. Im gleichen Jahr erklärte sich die City Bank of Glasgow für zahlungsunfähig. Nach einer kurzen Schwächephase zog der Handel schnell wieder an. 1880 kam der Journalist Charles Dow (1851-1902) nach New York. Der Sohn eines Farmers aus Sterling, CT, musste bereits mit sechs Jahren auf der Farm helfen, um die Familie nach dem Tod des Vaters zu unterstützen und hatte deshalb keinen Schulabschluss. Mit 18 wurde er Lokaljournalist in Springfield, MA, bevor er 1879 aus Leadville, CO, über Minengesellschaften berichtete. In New York verlegte er sich darauf, Börsenberichte zu schreiben. Er arbeitete bald bei der Kiernan News Agency, wo er einen alten Bekannten aus seiner Zeit als Lokalreporter in Providence, RI, traf: Edward D. Jones (1855-1920).

Die Wall Street wurde wieder zum Magneten für Investoren. 1881 hatte es John D. Rockefeller (1839-1937) fast geschafft, das Ölgeschäft der Vereinigten Staaten zu monopolisieren. Die Aktien seines Standard-Oil-Trusts florierten. Im gleichen Jahr wurde das erste elektromechanische Anzeigesystem, das Big Board, an der NYSE eingebaut. Auch in der Datenübertragung gab es Fortschritte. Der von Edison erfundene Quadruplex-Ticker wurde von Westinghouse in enormer Stückzahl gebaut. Er erlaubte die Übermittlung der Tickerdaten über vier Leitungen – nicht alle führten in offizielle Brokerhäuser. In den großen Städten – New York allen voran – etablierten sich Wettbüros, die Börsendaten über den Quadruplex bezogen. In den Hinterzimmern berüchtigter Kneipen konnten Wetten auf die Entwicklung der Kurse abgeschlossen werden. Das Geschäft der mehreren tausend Wettbüros allein in New York City wuchs so stark, dass der Preise für einen Sitz in der NYSE wieder massiv unter Druck geriet; schließlich spielte sich ein großer Teil des Handels ja nicht an der NYSE, sondern in Hinterzimmern ab.

Im Januar 1882 kollabierte in Paris die Union Générale. Diese erste katholische Bank war nur wenige Jahre zuvor, im Juni 1878, gegründet worden. Im Oktober 1882 stellte die Crédit Général Français ihre Zahlungen ein. Die Verluste beliefen sich auf 100 Millionen Francs. Im Februar 1883 gerieten 25 Aktiengesellschaften in den Sog der Krise. Am schwersten war der Krach der Seidenfirma Baviers & Co in Lyon. Die Gläubiger blieben auf 20 Millionen Franken offener Forderungen sitzen. Der Direktor der Banque mobilière, Gollet, wurde zwar verhaftet, doch die Gelder der Anleger blieben verschwunden. Die Bank hatte in ihren besten Zeiten zehn Filialen in ganz Frankreich. Andere Bankdirektoren suchten danach das Weite, doch einige weitere wurden vor den Haftrichter geführt, darunter Lepelletier, der Direktor der Crédit de France. Eigentlich wollte die Bank ihr Aktienkapital von 75 Millionen Francs verdoppeln, um weitere Übernahmen zu tätigen. Der Direktor der Bank Crédit Parisien, Monsieur Sentenat, wollte im Februar 1883 mit zwei schweren Koffern als Gepäck Paris verlassen, als er verhaftet wurde. Er hatte das Vermögen seiner Bank verspekuliert und was übrigblieb, genügte kaum, um die Gerichtskosten seines Prozesses zu decken, geschweige denn die Forderungen der Gläubiger.

Unabhängig davon herrschte in den USA Aufbruchsstimmung. In Chicago öffnete die Chicago Stock Exchange ihre Pforten und in San Francisco nahm die Pacific Stock Exchange ihre Geschäfte auf. Im November 1882 gründeten Dow, Jones und

Charles M. Bergstresser die berühmte Dow & Jones Company[24]. Das Trio sammelte Börseninformationen, die es an die Finanzinstitute weiterleitete. Ihre Büros lagen in unmittelbarer Nachbarschaft der NYSE. Das Unternehmen wuchs schnell. 1883 veröffentlichten sie die Börsennachrichten erstmals in gedruckter Form: auf zwei Seiten erschienen der »Customer's Afternoon Letter«. Diese Publikation war revolutionär, denn zum ersten Mal wurden Kurstabellen und Berichte über Quartals- und Jahresabschlüsse der Gesellschaften veröffentlicht und so einer breiten Investorenschaft zugänglich gemacht. Auch die Technik an der NYSE machte weitere Fortschritte, es wurde nämlich elektrisches Licht installiert.

In den Tagen vom 12. bis 14. Mai 1884 kam es an der NYSE wieder zu massiven Kursverlusten. Investoren verloren schnell den Überblick über das Geschehen am Markt. Charles Dow reagierte. Er entwickelte einen Index aus elf Aktien, darunter neun Eisenbahnwerte – den größten Gesellschaften der USA. Dieser Index sollte den Anlegern eine leicht verständliche und repräsentative Zusammenfassung des Börsengeschehens geben. Am 3. Juli 1884 wurde der Index erstmals veröffentlicht; der Dow Jones Index war geboren. Nach dieser Baisse stiegen die Handelsvolumen wieder kontinuierlich an. Am 15. Dezember 1886 wurden sogar erstmals eine Million Aktien pro Tag gehandelt.

Charles Dow hatte nun genügend Geld und Kunden, um aus seinem täglichen Börsenbrief eine Zeitung zu machen: das »Wall Street Journal« erschien zum ersten Mal am 8. Juli 1889. Das

---

[24] In Paris gab es damals bereits rund 130 Finanzpublikationen. Ihre Zahl war in den letzten Jahren rapide gewachsen, denn 1865 zählte man gerade einmal 39 Publikationen. Bis 1891 sollte sich ihre Zahl sogar auf 186 erhöhen.

Börsengeschehen blieb spannungsgeladen. Im November 1890 gerieten Messiers. Baring in Zahlungsschwierigkeiten. Die Banker hatten Schulden in Höhe von 21 Millionen Pfund angehäuft. Auslöser waren Probleme mit einem Engagement in die Wasserwerke von Buenos Aires. William Lidderdale von der Bank of England eilte zu Hilfe, konnte aber einen Kursrutsch an der Börse kaum verhindern. Am 15. November zeigte die Panik an der London Stock Exchange Wirkung: Auch in New York kam es zu Kurseinbrüchen. Besonders schlimm war es am Freitag, dem 21. November. Die Wall Street erlebte den zweiten Schwarzen Freitag ihrer Geschichte. Die Verluste waren so dramatisch, dass es zu etlichen Firmenpleiten kam, bevor sich die Lage Mitte Dezember wieder beruhigte. Bis dahin hatten die Barings nämlich eine Auffanggesellschaft gegründet, die Baring Brothers & Co. Limited, um der Finanzprobleme Herr zu werden.

Charles Dow entwickelte seinen bereits 1886 modifizierten Aktienindex weiter. Am 26. Mai 1896 veröffentlichte er erstmals den Dow Jones Industrial Average Index, der aus zwölf Aktien errechnet wurde. Ursprünglich wurden die Aktien im Index alle gleich gewichtet, heute operiert man mit unterschiedlichen Divisoren. Nur eine einzige Aktie des Original-DJIA konnte sich bis heute halten, nämlich General Electric. Der Konzern war nur in den Jahren 1898 bis 1907 nicht Bestandteil des Dows. Die übrigen Firmen sind heute bedeutungslos oder längst untergegangen. Der Index startete im Mai 1896 bei 40,94 Punkten und fiel bis zum 8. August auf nur 28,48 Punkte, den niedrigsten Stand aller Zeiten.

Im Frühjahr 1893 wurden in den USA die Goldreserven immer geringer. Gleichzeitig sank der Kurs für Silber an den Märkten. Als am 22 .April des Jahres nur noch Goldbestände im Wert von weniger als 100 Millionen US-Dollar vorhanden waren, sank das Vertrauen in die Währung deutlich. Silbermünzen wurden in vielen Geschäften nicht mehr angenommen und auch der Wert des Papiergelds erschien nun zweifelhaft. An der Börse befürchtete man eine deutliche Abwertung des Dollars und so begannen die Kurse Anfang Mai zu rutschen. Der Einbruch verschärfte sich, als der National Cordage Trust in Konkurs zu gehen drohte. Der Aktienkurs des Trusts sank von 70 auf 19 Dollar. Am 5. Mai 1893, einem Freitag, kam es zu einem großen Kursrutsch. Die Krise am Silbermarkt schlug im Juni auch auf die Börse über. Der Silberpreis verlor in New York in wenigen Tagen 25 Prozent, und für viele Bergbaugesellschaften lohnte sich der Abbau des Edelmetalls nicht mehr. Im Juli des Jahres mussten zwölf Banken in Denver, CO, ihre Tore schließen. Nun breitete sich die Krise mit großer Geschwindigkeit im ganzen Land aus. Insgesamt sollen in den kommenden Monaten durch die Silberkrise 642 Banken in Konkurs gegangen sein. Über 15.000 Unternehmen meldeten Konkurs an. Ein Drittel des Eisenbahnnetzes soll von den Insolvenzen betroffen gewesen sein. Die Arbeitslosigkeit kletterte schnell über die Marke von zwei Millionen. Die Goldreserven nahmen indes weiter ab.

Die Wirtschaftskrise sollte drei Jahre andauern. US-Präsident Cleveland (1837-1908) wandte sich 1895 an J. P. Morgan, um für 65 Millionen US-Dollar Gold zu kaufen. Morgan wickelte die Transaktion professionell ab – und machte dabei enorme Profite.

Charles Dow publizierte in den kommenden Jahren verschiedene Artikel, aus denen seine Anhänger die so genannte Dow-Theorie ableiteten. Er identifizierte zunächst drei Trends: Einem langfristigen Trend eines Bären- oder Bullenmarktes laufen kurzfristigere Marktbewegungen entgegen. Die täglichen Marktschwankungen wiederum sind demnach von geringerer

Bedeutung. Große Umsatzvolumen sollen nach dieser Theorie das Ende eines Bullenmarktes signalisieren. Geringe Umsätze hingegen deuten auf ein Ende des Bärenmarktes hin. Die Blue Chips geben dabei den jeweiligen Trend vor. Die erste Phase eines Bullenmarkts zeichnet sich dadurch aus, dass die Preise niedrig sind und die Unternehmensdaten schlecht aussehen. Investoren steigen jedoch bereits wieder ein. Der Industrial Average steigt, der Railroad Average (heute der Transport Average) zieht ebenfalls langsam an, denn die produzierten Güter müssen ja verteilt werden. Die Unternehmensberichte werden besser, die Handelsvolumina an der Börse werden größer und immer neue Käufer lassen die Aktienkurse sprunghaft steigen. Gefahr droht, wenn sich der Industrial- und der Railroad Average schneiden und beide anschließend fallen. Die Industrieproduktion findet keinen Absatz mehr, die Transportindustrie weist ebenfalls Überschusskapazitäten auf. Erste Investoren trennen sich von ihren Aktien. In den Abwärtstrend hinein verkaufen immer mehr Anleger ihre Anteile. Schließlich kommt es zu Panikverkäufen, und negative Meldungen dominieren das Börsengeschehen. So jedenfalls könnte ein idealisierter Börsenzyklus verlaufen. Dieser Ablauf lässt sich übrigens auch mit der modernen mathematischen Katastrophentheorie modellieren.

In der Realität ereignete sich der größte Crash des noch jungen Index am 18. Dezember 1899, als das Kursbarometer um 5,57 Punkte oder 8,7 Prozent fiel. Der Grund dafür war, dass in einer Guerilla-Attacke auf den Philippinen einige US-Soldaten gefallen waren und gleichzeitig die britische Armee Rückschläge im Burenkrieg erlebte.

Der Zocker und der Retter

Der Autodidakt John Moody (1868-1958) publizierte derweil sein erstes Handbuch über den Aktienmarkt mit dem Titel »Manual of Industrial and Miscellaneous Securities«. Moody hatte darin mühevoll statistische Daten über eine Vielzahl von Aktien gesammelt. Innerhalb zweier Monate war das Werk ausverkauft. Moody gehörte von nun an als fester Bestandteil zur Wall Street. Die nach ihm benannte Rating-Agentur wurde in den kommenden Jahren zum erbitterten Konkurrenten von Standard & Poor's.

Das neue Jahrhundert begann mit einem Rekord. 1901 betrug der jährliche Aktienumschlag 319 Prozent – das heißt, jede Dow-Aktie wurde durchschnittlich mit ihrem gesamten Volumen mehr als dreimal gehandelt. Um den Handel angesichts der gestiegenen Anforderungen schneller abwickeln zu können, wurde 1903 an der NYSE ein Rohrpostsystem eingeführt.

Die bereits erwähnten Wettbüros der 1880er- und 1890er-Jahre florierten auch in den ersten Jahren des 20. Jahrhunderts. Haight & Freese beispielsweise besaß rund 70 Filialen im ganzen Land; The Coe Commission Company aus Minneapolis, MN, verfügte über ein Netz von 100 Zweigstellen. Auf 200 Außenstellen brachte es die M. J. Sage Company aus New York. Diese Gesellschaften gehörten zeitweise zu den größten Kunden der Western Union, die ja über ihre Ticker die Kursdaten verteilte. Die vielen Kunden der Wettbüros trugen erneut zum Boom der Börse bei.

1903 eröffnete mit der Cairo Stock Exchange die erste Börse des Nahen Ostens.

Am 12. Januar 1906 schloss der DJIA erstmals knapp über der Marke von 100 Punkten. Nun erst machte das US-Bundesgericht dem Treiben der Wettbüros ein Ende, indem es verfügte, dass die Kursnotierungen den Börsen gehörten und sie auch entscheiden dürften, wer Zugang zu den Kursen erhält. In den Hinterzimmern rund um den Wall-Street-Distrikt wurde es danach ruhiger.

Am 18. April 1906 erschütterte ein gewaltiges Erdbeben San Francisco. Die Stadt wurde zu einem Großteil zerstört. Rund 30.000 Häuser stürzten ein und etwa 500 Menschen starben in der Katastrophe. Die Aetna Fire Insurance musste die Rücklagen von 40 Jahren aufwenden, um ihre Leistungen zu erbringen, doch die Börse überwand das große Erdbeben nach einem kurzen Kursrutsch zwischen April und Juli.

1906 kam es auf Betreiben von Präsident Roosevelts Regierung zum Prozess gegen Rockefellers Standard-Oil-Trust in Chicago. John D. Rockefeller wurde zur Zahlung von 29.240.000 Dollar verurteilt. Im Juni traf sich Rockefeller mit J. P. Morgan, um die Sache zu beraten. Sie beschlossen, 125 Million Dollar aus London abzuziehen und nach New York zu transferieren. Das war ein gewaltiger Schlag für das gesamte englische Finanzsystem. In England mussten etliche Firmen die Waffen strecken. Nun drohte die Krise auch die USA zu erreichen. Bisher hatten die US-Banken sehr großzügig Kredite vergeben. J. P. Morgan war der größte Gläubiger der Wall Street.

Am 12. März 1907 stand der Dow Jones Industrial Average Index bei 86,53 Punkten. Am nächsten Tag rutschte er auf 83,12. Am 14. März schließlich fiel der DJIA um 8,29 Prozent oder 6,89 Punkte auf den Schlusstand von 76,23. Für die nächsten sechs Monate befand sich der Markt im Sinkflug. Die Broker wurden nervös.

J. P. Morgan verwaltete über 800 Millionen Dollar. Allein ein Viertel davon waren Gelder anderer Banken. Auf sie hatte er Wechsel ausgestellt, die erst nach dem 22. August fällig wurden.

Die Gelder waren somit auf den Konten Morgans bis zu diesem Termin blockiert.

Dann griff Morgan zu einem geschickten Schachzug: Er löste 260 Millionen Dollar beim Schatzamt gegen Staatspapiere ein. Diese verkaufte er vor dem 22. August. J. P. Morgan ließ in der Presse ankündigen, dass eine Krise bevorstünde.

Durch diese Operationen entzog er dem US-Geldkreislauf per 22. August 1907 mit einem Schlag rund 1.350 Millionen Dollar. Das entsprach rund 70 Prozent der gesamten Geldmenge der USA. Prompt gingen die ersten Firmen pleite, einige davon waren wohl extra zu dem Zweck von Morgans Vertrauten gegründet worden, um so eine Panik zu schüren. Es kam zu einem Run auf die Banken, und als die bedrängten Banken J. P. Morgan aufforderte, ihre Guthaben auszuzahlen, weigerte sich Morgan.

Nun konnte Morgan Druck im Weißen Haus machen. J. P. Morgan hatte den Wahlkampf Roosevelts kräftig unterstützt. Er drohte ihm mit weiteren Pleiten, wenn die Regierung das Anti-Trust-Gesetz, dessen Opfer Rockefeller geworden war, nicht ändern würde. Roosevelt lenkte ein.

Zu diesem Zeitpunkt bot sich Morgan die Gelegenheit, billig einzukaufen. An einem Tag kaufte die Bank 100.000 Aktien, die sie selbst acht Monate zuvor zum dreifachen Preis verkauft hatte.

Der Minenbesitzer und Spekulant Frederick Augustus Heinze (1869-1914) hatte sich am 16. Oktober bei dem Versuch, die Aktien der Minengesellschaft United Copper zu cornern, übernommen. Heinze war mit dem Knickerbocker Trust eng verbunden, und schnell kamen Gerüchte auf, der Knickerboker Trust hätte Zahlungsschwierigkeiten. Am 20. Oktober setzte ein Run auf die Büros dieser führenden New Yorker Bank ein, und schon einen Tag später musste Knickerboker wegen Zahlungsunfähigkeit schließen. Die Panik griff auf die Trust Corporation of America über, dann auch noch auf den Lincoln Trust, und schließlich drohte der Kollaps des Brokerhauses Moore & Schley.

Jetzt konnte nur noch J. P. Morgan helfen. Er erklärte sich trotz eigener Verluste von rund 21,5 Millionen Dollar dazu bereit. Das US-Schatzamt stellte ihm und James Stillman von der New Yorker National City Bank die Summe von 25 Millionen Dollar zur Verfügung, um die Wogen zu glätten. Nach und nach nahmen Morgans Leute die gefährdeten Trusts unter die Lupe, um zu prüfen, welche Schritte zur Sanierung nötig waren. Außerdem importierte Morgan für 20.000.000 Pfund Gold, um die Verluste einzudämmen. Schließlich war der US-Dollar ja an den Goldstandard gebunden. J. P. Morgan übernahm wieder einmal praktisch im Alleingang die Rettung der US-Wirtschaft. Doch zunächst fiel der Dow weiter. Am 21. Oktober notierte er nur noch bei 60,81 Punkten und fiel am 15. November sogar bis auf 53 Punkte. Dann hatte der Markt seinen Boden gefunden.

Der Preis für diese Rettungsaktion war die Übernahme von Tennessee Coal durch J. P. Morgan.[25] Präsident Theodor Roosevelt (1858-1919) musste dem Deal zustimmen. Morgan bekam Tennessee für nur 45 Millionen US-Dollar, obwohl ihr geschätzter Wert bei 750 Millionen Dollar lag. Morgan kontrollierte bereits U. S. Steel und konnte durch diesen Schachzug sein Industrie-Imperium weiter ausbauen.

Bald kursierten Gerüchte, das Bankenkonsortium unter der Leitung Morgans hätte den Bärenmarkt selbst inszeniert, um die eigenen Profite zu erhöhen[26]. In diesem schwierigen Umfeld musste dann doch noch die Trust Co. of America die Waffen strecken. J. P. Morgan erschien nochmals als Retter in höchster Not und stützte den Markt mit einer 30-Millionen-Dollar-Anleihe für die Stadt New York.

---

[25] Dadurch schied Tennessee aus dem DJIA aus und General Electric wurde wieder aufgenommen. Tennessee wurde in U. S. Steel integriert.

[26] Dies glaubte übrigens auch Fritz Schwarz (Schwarz, Fritz: Segen und Fluch des Geldes in der Geschichte der Völker, Bern 1925, S. 224 ff.).

John Moody geriet durch den Crash von 1907 in arge Bedrängnis. Er musste sein Unternehmen verkaufen. Nun konzentrierte sich Moody auf Eisenbahnaktien und deren Bewertung. Aus diesen Anfängen entwickelte sich der noch heute existierende Moody's Investor Service. Die Folgen der Krise waren langwierig. In den USA waren ein Jahr später über fünf Millionen Menschen arbeitslos.

Im Jahr 1907 floss viel Gold aus Europa in die USA. Europa geriet so in den Sog der Krise.

1910 traf sich unter Führung des aus Hamburg ausgewanderten Bankiers Paul Warburg, einem Mitinhaber des New Yorker Bankhauses Kuhn, Loeb und Co., in einer geheimen Zusammenkunft auf Jekyll Island vor der Küste Georgias das »Chloroforming Committee«. Die Politiker und Bankiers, die dort unter Decknamen offiziell zur Entenjagd im von J. P. Morgan mitfinanzierten Jekyll Island Club zusammenkamen, repräsentierten rund 25 Prozent des damaligen weltweiten Vermögens. Das Ergebnis des Treffens war letztlich die Gründung des U. S. Federal Reserve Systems, ein teils staatliches, teils privates Zentralbanksystem aus zwölf Notenbanken. Ein Ziel des Fed war es, Finanzkrisen wie die von 1907 zu verhindern, indem für unterschiedliche Regionen der USA entsprechend den ökonomischen Situationen mit differenzierter Geldmenge und unterschiedlichen Zinssätzen reagiert werden kann.

Ende Juli 1914 wurden wegen der drohenden Kriegsgefahr die Börsen in Deutschland geschlossen. Die NYSE wurde am 31. Juli geschlossen. Die Börse blieb viereinhalb Monate zu. Dies war die längste Handelsunterbrechung in der Geschichte der Wall Street. 1915 wurden die Preise der Aktien erstmals in US-Dollar notiert.

Der Aufstieg zur Weltmacht

Der Erste Weltkrieg änderte das Weltfinanzsystem in revolutionärer Weise. Vor dem Krieg hatten die USA hohe Auslandsschulden. Nach Kriegsende waren sie der weltweit größte Gläubiger, denn auch die Alliierten mussten sich über die Wall Street refinanzieren, und Deutschland hatte riesige Reparationszahlungen an die Sieger zu leisten. Dies war ein von keinem Beobachter erwarteter Powershift. Dadurch etablierten sich die USA auch politisch als führende Nation. Ihr militärischer Beitrag hatte zwar den Sieg der Alliierten an der Westfront gebracht und dadurch den Krieg 1918 beendet, doch noch war es nicht die militärische Schlagkraft, die im Vordergrund stand, sondern die neue ökonomische Macht, die den Status der USA als Weltmacht festigte.

Der Handel an der Wall Street wuchs durch die neue wirtschaftliche und politische Position der USA schnell. 1919 wurde es erforderlich, einen separaten Kursticker für Bonds einzuführen.

Am 16. September 1920 parkte eine Pferdekutsche vor dem Gebäude von J. P. Morgan an der Wall Street Nummer 23. Der Fahrer floh, dann erschütterte eine schwere Explosion den Financial District in Manhattan. Beladen war das Fuhrwerk mit einer 500 Pfund schweren Bombe. Umherfliegende Metallteile töteten 38 Passanten, darunter zwei Angestellte von Morgan. Junius Morgan II. wurde verletzt, ebenso wie über 100 weitere Personen. Die Einschläge der Metallbrocken am Gebäude von Morgan waren noch für Jahrzehnte zu sehen. Dies war innerhalb weniger Tage das zweite Attentat auf das Leben von J. P. Morgan Jr. (1867-1943), genannt Jack, dem Sohn von John P. Morgan. Kurz zuvor hatte der englische Attentäter Thomas Simkin sein

Ziel verfehlt und in einer Kirche versehentlich dessen Arzt erschossen. Doch auch dieser Schock konnte die Wall Street nicht stoppen – der Boom hielt an.

Trotz des verlorenen Krieges begannen in Deutschland die Goldenen Zwanziger mit einem rapiden Zuwachs an neuen Aktiengesellschaften. Ein Jahr nach Kriegsende gab es in Deutschland 5.345 Aktiengesellschaften. Während des Krieges hatte sich der Indexwert für deutsche Aktien halbiert. 1920 zählte die Statistik in Deutschland 5.657 AGs, ein Jahr später bereits 6.636. Bis 1923 stieg die Zahl auf 9.548, und 1923 erreichte sie sogar 16.472. War der Indexwert für deutsche Aktien bis zum Oktober 1922 massiv eingebrochen, so verzwanzigfachte sich der Wert bis Ende 1923.

Im Sommer 1920 sorgte Charles Ponzi (1882-1949) mit seinem Schneeball-System für Aufsehen. Die Behörden in Boston wurden auf den eingewanderten Italiener aufmerksam, der seinen Kunden Zinsen von 50 Prozent versprochen hatte und diese eine Zeit lang auch zahlte. Ponzi benutzte internationale Postantwortscheine, die an die entsprechende Landeswährung gekoppelt waren. Mit Mittelsmännern in Italien konnte er Wechselkursoperationen zwischen italienischer Lire und US-Dollar durchführen, die schnelle hohe Gewinne abwarfen, bis das Pyramidenspiel zusammenbrach. Ponzi wurde zum Namensgeber aller nachfolgenden Schneeballsysteme.

1921 wurde der Besuch der Hamburger Börse für das Publikum stark eingeschränkt. Nur wer an der Börse zugelassen war und mit einer Börsenkarte nachweisen konnte, dass er die entsprechende Jahresgebühr gezahlt hatte, erhielt Einlass. Die Hausse im Herbst des Jahres bescherte der Bremer Börse so hohe Umsätze, dass die Banken nicht mehr in der Lage waren, alle

Aufträge ordnungsgemäß auszuführen. Ab September wurden deshalb die Handelszeiten in Bremen eingeschränkt. Per Ende Oktober waren in Bremen im amtlichen Handel 51 Werte notiert, im Freiverkehr nochmals 88. Frauen wurden nicht mehr von der Börse ausgeschlossen, und im nächsten Jahr fiel das Verbot auch an der Hamburger Börse.

Das alte Gebäude der New York Stock Exchange war durch die wachsenden Handelsaktivitäten am Rande seiner Kapazitäten. 1922 wurde die NYSE an die Adresse 11 Wall Street verlagert. Der Handelsraum des neuen 23-stöckigen Gebäudes bekam den Beinamen »die Garage«. Das Parkett maß etwa 32 auf 42 Meter, der Raum selbst war fast 24 Meter hoch – eine wahre Kathedrale des Kapitalismus.

In diesem Jahr schauten die Broker wie gebannt nach Deutschland. Das Land wurde von einer verheerenden Inflation geplagt. Der Wechselkurs der Mark fiel rapide. Bekam man im Januar für einen US-Dollar noch 192 Mark, so waren es im Dezember schon 7.600 Mark. Noch schlimmer wurde es 1923. Ende Januar lag der Wechselkurs bei 50.000 Mark, bereits im Juli wurde die Eine-Million-Marke erreicht. Die Inflation erreichte ein solches Ausmaß, dass die Kurse an der Bremer Börse ab Mitte Dezember in Billionen von Prozenten notiert wurden. Bei der Preisnotation begnügte man sich mit der Einheit »Mark«, wenn de facto Billionen Mark gemeint waren. Am 20. November konnte die Inflation bei einem Wechselkurs von 4,2 Billionen Mark pro US-Dollar gestoppt werden. Die deutsche Wirtschaft war für ausländische Investoren zum Schnäppchenpreis zu haben. Auch US-Konzerne griffen zu und fassten durch Beteiligungen, Übernahmen und Ansiedelungen Fuß. 1924 wurde die galoppierende Inflation in Deutschland durch das letzte mögliche Mittel endgültig besiegt: die Währungsreform und die Einführung der Reichsmark als Zahlungsmittel.

Ganz reibungslos lief der Handel derweil an der Wall Street nicht ab. Bereits 1923 wurde ein Büro zur Untersuchung von Betrügereien an der Börse eingerichtet. Von 1924 bis 1927 erlebten die USA einen enormen Börsenboom – hier waren die Zwanziger wirklich golden. Der Dow Jones Industrial stieg in dieser Zeit von 100 auf 200 Punkte. Zum Jahreswechsel 1928 wurde der Dow Jones Industrial Average aus den Schlusskursen der 20 darin enthaltenen Aktien berechnet. Dabei wurden auch Splits – also die angepasste Stückelung des Aktienkapitals – berücksichtigt. Im Railroad Index, der ebenfalls 20 Werte umfasste, wurden beispielsweise die Aktien der Pennsylvania doppelt gezählt. Um die Qualität der Kursnotierungen zu verbessern, richtete man bei der NYSE 1928 das Quotation Bureau ein.

Neue Medien, neue Investoren

Zu den beliebtesten Aktien jener Zeit gehörten die Papiere der Radio Corporation of America (RCA). 1921 kostete eine Aktie der RCA knapp zwei Dollar. Das neue Medium Radio verbreitete sich schnell und Investoren sahen die Chance, das große Geld mit dieser neuen Kommunikationstechnik zu machen; genau wie einst mit Eisenbahnaktien – oder wie Ende des 20. Jahrhunderts mit Internet-Aktien.

Im Jahr 1922 gab es in den USA 28 Radiostationen. Damals wurden für zehn Millionen US-Dollar Radioapparate verkauft. Bis zum Jahr 1929 steigerte sich der Jahresumsatz auf 400 Millionen Dollar. Die Zahl der Radiohörer stieg also rapide an. Überall im Land wurden neue Sendeanlagen gebaut. Angesichts dieser Entwicklung stieg der Aktienkurs von Radio bis auf 500 Dollar.

Michael Meehan war der Specialist für diesen Titel an der NYSE. Er poolte die Investments von Familie und Freunden. Dadurch entstand ein typischer Hausse Pool jener Zeit. Meehan sammelte zwölf Millionen US-Dollar, kaufte gleich sieben Sitze an der NYSE und eröffnete Brokerbüros im ganzen Land, ja sogar auf Schiffen der Cunard Line. Dann begann er, die Aktien von Radio zu pushen, indem er den Journalisten A. N. Plummer Lobeshymnen über die Aktie in den führenden Tageszeitungen verbreiten ließ. Im März 1928 gelang es ihm schließlich, den Kurs in nur zehn Tagen von 95 auf 160 Dollar zu treiben; das ist eine Performance von 68,42 Prozent! Dann stieg Meehan aus und verdiente für sich und seinen Hausse Pool Millionen – ein noch heute zu beobachtendes Pump-and-Dump-Spiel.

Zum Kreis der irisch-stämmigen Spekulanten um Mike Meehan gehörten auch Charles E. Mitchell, dem wir später noch begegnen werden, Bernard Smith und Joseph Kennedy (1888-1969), der Vater des späteren US-Präsidenten. Joseph Kennedy arbeitete während des Weltkrieges bei Bethlehem Steel und gründete 1923 eine Bank in New York. Von einer Suite im Waldorf-Astoria-Hotel aus leitete er einen Hausse Pool, der in Aktien der Yellow Cab Company investierte; einer Firma, zu der sein Schwiegervater enge Kontakte hatte. 1928 verkaufte Kennedy seine Aktienpakete mit großem Gewinn. Beim Crash 1929 soll er durch Short-Selling eine Million Dollar verdient haben. 1932 wurde er zum ersten Commissioner der Securities and Exchange Commission, der mächtigen Börsenaufsicht SEC – er kannte ja fast alle Tricks der Branche.

1927 drohte der Bargeldumlauf in Deutschland rapide anzusteigen. Reichsbankpräsident Hjalmar Schacht wollte die Notbremse ziehen. Das Resultat war am 13. Mai ein enormer Kursrutsch an der Börse, der als »Schwarzer Freitag« bekannt wurde. In Monatsfrist wurden Gold und Devisen in Milliardenhöhe aus Deutschland abgezogen, ein Trend, der sich in den nächsten Monaten fortsetzen sollte.

Am 1. Oktober 1928 wurden im DJIA einige Veränderungen vorgenommen: der Index wurde um zehn auf 30 Aktien aufgestockt, einige Titel wurden ausgetauscht und der Divisor mit 16,67 festgelegt. Die 30 Unternehmen im DJIA waren folgende:

Zusammensetzung des Dow Jones Industrial Average per Oktober 1928

Allied Chemical	General Railway Signals	Sears, Roebuck
American Can	Goodrich	Standard Oil, NJ
American Smelting	International Harvester	Texas Corp.
American Sugar	International Nickel	Texas Gulf Sulphur
American Tobacco (B)	Mack Truck	Union Carbide
Atlantic Refining	Nash Motors	U. S. Steel
Bethlehem Steel	North American	Victor Talking Machine
Chrysler	Paramount Publix	Westinghouse Electric
General Electric	Postum Inc.	Woolworth
General Motors	Radio Corp.	Wright Aeronautical

Bereits wenige Wochen später, am 5. November, wurden Atlantic Refining im Verhältnis 4:1 gesplittet, und der Divisor des DJIA sank auf 16,02. Die nächste Änderung kam am 13. Dezember. General Motors splittete seine Aktien im Verhältnis 2,5:1 und International Harvester mit dem Faktor 4:1. Der Dow-Divisor wurde danach mit 14,65 festgelegt. Am 26. Dezember wurde International Nickel reorganisiert und der Divisor des DJIA dadurch neu mit 13,92 bestimmt. In dieser Zusammensetzung wurde der DJIA auch 1929 gehandelt. Er startete ins neue Jahr mit einem Stand von 300 Punkten. In nur einem Jahr war der Index um so viele Punkte gestiegen wie in den drei vorangegangenen Jahren insgesamt. Die Kursentwicklung hatte sich also enorm beschleunigt und zog immer neue Investoren an. Auch

Geld aus Europa suchte seinen Weg an die Wall Street und finanzierte so das Wirtschaftswachstum der USA. Eine Folge davon war, dass sich das Handelsbilanzdefizit bis Ende 1928 gegenüber den vorangegangenen fünf Jahren um über 14 Prozent erhöht hatte. Positiv wurde vermerkt, dass die Inflation leicht zurückging. Während des Krieges hatte sich der Konsumentenpreisindex noch verdoppelt, doch seit 1924 – also etwa seit dem Ende der Hyperinflation im Deutschen Reich – war er um rund vier Prozent zurückgegangen. Die hohe Staatsverschuldung vom Anfang der 20er-Jahre, eine Folge des Krieges, war bedeutend reduziert worden. Herbert Clark Hoover (1874-1964) hatte sich mit humanitären Aktionen im zerstörten Europa einen Namen gemacht. 1929 war der Republikaner mit über 21 Millionen Wählerstimmen zum neuen US-Präsident gewählt worden. Er war tief überzeugt von der Freiheit des Individuums und lehnte staatliche Eingriffe und Regulierungen so weit wie möglich ab. Die Landwirtschaft sah er von einer so schweren Krise bedroht, dass er selbst gegen seine Prinzipien handelte. Im Juni des Jahres wurde sein Agricultural Marketing Act verabschiedet. Ein revolvierender Kredit in Höhe von 500 Millionen US-Dollar sollte den Farm Cooperativen zur Verfügung gestellt werden.

Der Herbst der Goldenen Zwanziger

Die USA waren nach wie vor ein Land im Umbruch – ein klassischer Emerging Market, der durch den Weltkrieg globale Bedeutung erlangte. Nur noch etwa ein Viertel der Bevölkerung arbeitete im Jahr 1929 in der Landwirtschaft; der Anteil der Farmer war in den vergangenen Jahren drastisch gesunken. Dafür stieg die Arbeitslosigkeit permanent und überschritt die Quote von acht Prozent. Die Gesamtbevölkerung der USA betrug etwa 123 Millionen und die Wachstumsrate der letzten Dekade lag bei rund 16 Prozent – selbst in Entwicklungsländern ist diese Quote heute nur noch selten so hoch. Der Anteil der weißen Bevölkerung stieg dabei schneller an als die Anteile anderer Gruppen. Die Mehrheit der Bevölkerung lebte bereits in Städten, noch wenige Jahre zuvor war es umgekehrt. Eine moderne Altersversorgung war unbekannt, und trotz einer im Vergleich zu heute kürzeren Lebenserwartung arbeitete noch mehr als die Hälfte der über 65-jährigen Männer – sie machten allerdings nur 5,4 Prozent der Gesamtbevölkerung aus. Bei den Frauen betrug der Anteil immerhin rund sieben Prozent. Über elf Prozent der Arbeiter waren gewerkschaftlich organisiert. Der Trend zu einer besseren Schulbildung setzte gerade ein. Dies führte zu einem höheren durchschnittlichen Einkommen und förderte letztlich die Verbreitung von Gütern des gehobenen Bedarfs. Ein Beispiel: Die Zahl der registrierten Automobile war in den letzten fünf Jahren von rund 17,5 Millionen auf 23 Millionen gestiegen. Die Schattenseite war, dass die Statistik für das Jahr 1929 rund 27.000 Verkehrstote zählte.

US-Konzerne expandierten aggressiv in Europa. So übernahm General Motors (GM) 1929 den deutschen Autobauer Opel. Ähnliche Zusammenschlüsse gab es auch unter europäischen Firmen, wie das Beispiel des niederländisch-englischen Konsumgüter-Konzerns Unilever zeigt.

Europa und Amerika rückten scheinbar näher. So umfuhr das Luftschiff »Graf Zeppelin« 1929 auf einer Strecke von 49.000 Kilometern den Globus. Der Flugzeugbauer Dornier stellt das gewaltige Wasserflugzeug Do X vor, das den Atlantik überquerte und im Hafen von New York unter den Augen der schaulustigen Bevölkerung landete. Ebenfalls gefeiert wurde das Dampfschiff »Bremen«; es gewann das Blaue Band für die schnellste Atlantik-Überquerung. Die Stimmung in den USA war optimistisch, fortschrittsgläubig und selbstsicher. Man feierte den Piloten Richard E. Byrd (1888-1957), der als Erster allein den Südpol überflogen hatte. Die Kette der technischen Fortschritte schien endlos. Der Fernschreiber war gerade erfunden worden und beschleunigte die Kommunikation über große Distanzen. Das drahtlose Fernsehen war auf der Funkausstellung 1928 in Berlin erstmals der Öffentlichkeit präsentiert worden. Kodak entwickelte den 16-Millimeter-Farbumkehr-Film, den Kodakcolor. Anleger sahen sofort neue Chancen in diesem Titel. Der Glaube an Fortschritt und Wachstum blieb ungebrochen.

Selbst in Deutschland ging es nach dem verlorenen Krieg und der Rekordinflation wirtschaftlich langsam wieder bergauf. Die Industrieproduktion stieg seit 1926 nahezu kontinuierlich, und auch die Aktienkurse entwickelten sich positiv. Der Young-Plan ersetzte den Dawes-Plan für die deutschen Reparationszahlungen. Bis ins Jahr 1988 sollte Deutschland 105 Milliarden Mark leisten[27]. Bis zum Jahr 1966 sollten dazu jährlich zwischen 1,7 und 2,1 Milliarden Mark an die Siegermächte zurückgezahlt werden. Ein Volksentscheid, den Deutschnationale und Nationalsozialisten gegen den Young-Plan erwirkten, blieb erfolglos. Deutschland schien sich mit dem Dawes-Plan abgefunden zu haben. Die Bank für Internationalen Zahlungsausgleich (BIZ) wurde gegründet, um die Verteilung der deutschen Reparationszahlungen unter den berechtigten Staaten zu regeln. Als Standort war London in der Diskussion. Der

---

[27] Bis 1952 hatte Deutschland nach eigenen Angaben 1,5 Mrd. Mark an Kriegsschulden bezahlt. Die weiteren Zahlungen wurden wegen der Gebietsverluste nach dem Zweiten Weltkrieg ab 1953 gemäß dem Londoner Schuldenabkommen eingestellt. Nach der Wiedervereinigung der BRD mit der DDR wurden die Zahlungen ab 1990 wieder aufgenommen. Am 3. Oktober 2010 wurden die restlichen Schulden in Höhe von 75 Millionen Euro beglichen.

Völkerbund machte sich allerdings für Basel als Sitz stark und setzte sich durch.

Das anfängliche Scheitern der Verhandlungen im Haag über die deutschen Zahlungen für die Kriegsschäden belastete die europäischen Börsen. Vor allem in Berlin gerieten die Kurse unter Druck. Als endlich die Einigung Anfang September erzielt wurde, kam es zu einer Kurserholung; Paris verzeichnete sogar eine Hausse. Auch deutsche Aktien konnten profitieren, vor allem die Chemie- und Bergbauindustrie. Ausländische Investoren kamen vermehrt nach Deutschland zurück. Das war auch notwendig, denn das starke Produktivitätswachstum wurde durch ein hohes Zinsniveau gedämpft, welches die binnenwirtschaftliche Kreditaufnahme bremste.

Auch an der Wall Street herrschte weiterhin ungetrübter Optimismus. Schließlich hatte sich der DJIA von Ende 1924 bis Anfang 1928 verdoppelt, und im zweiten Halbjahr 1928 stieg der Index um weitere 50 Prozent. Viele private Investoren kauften Aktien auf Kredit bei Zinssätzen bis zehn Prozent; das heißt, man erwartete weit höhere Kursgewinne durch Aktien. Es gab auch einige technische Veränderungen bei den Blue Chips: Am 8. Januar 1929 wurden die Aktien von American Smelting im Verhältnis 3:1 gesplittet. Radio splittete sogar 5:1 und National Cash Register ersetzte Victor Talking Machine im DJIA. Per 1. Mai wurden Wright Aeronautical 3:1 gesplittet[28]. Wenige Tage später, am 20. des Monats, splittete Union Carbide seine Aktien ebenfalls 3:1. Am 25. Juni folgte Woolworth mit einem Split im Verhältnis 2,5:1. Genau einen Monat später, am 25. Juli, änderte Postum seinen Namen in General Food.

---

[28] *Curtiss-Wright* ersetzte am 14. September im DJIA die Titel von *Wright Aeronautical.*

Kurse, Zinsen und Renditen

Der Diskontsatz in New York lag 1925 bei drei Prozent; 1928 stieg er auf fünf Prozent. Im Februar 1929 wollte George Harrison, Präsident der New York Federal Reserve, die Erhöhung auf sechs Prozent in Washington, DC, durchsetzen – er blieb jedoch erfolglos. Erst im August 1929 wurde der Diskontsatz in New York schließlich auf sechs Prozent erhöht, um die Spekulation an der Börse einzudämmen.

Die Sätze für Tagesgeld lagen im Jahr 1929 zeitweise bei 20 Prozent. Dies führte zu einem massiven Mittelzufluss an den Finanzplatz New York, denn der Tagessatz versprach eine quasi risikolose Anlage. Erst in der zweiten Jahreshälfte sanken die Zinssätze wieder. Anfang Oktober betrugen sie beispielsweise acht Prozent. Ausländische Gelder wurden dadurch aus den USA abgezogen, das Pfund und die Reichsmark konnten gegenüber dem US-Dollar wieder Boden gutmachen. Die Wechselkursänderungen machten sich allerdings erst in den Nachkommastellen bemerkbar.

Nach der Portfolio-Theorie des Wirtschafts-Nobelpreisträgers von 1990, Harry M. Markowitz (*1927), müssten für vergleichsweise höhere Renditen als jene, die beispielsweise für Tagesgeld gezahlt wurden, auch höhere Risiken eingegangen werden. Da Aktien natürlich ein höheres Schwankungsrisiko (die so genannte Volatilität, ex post gemessen als statistische Varianz bei der Annahme normalverteilter Wahrscheinlichkeiten) als Tagesgeld besitzen, erwarteten die Aktienkäufer auch eine höhere Rendite als die 20 Prozent für Tagesgeld pro Jahr. Um solche Kurssteigerungen zu rechtfertigen, hätten die Aktiengesellschaften auch ein entsprechend hohes Wachstum bei Umsatz und Gewinn aufweisen müssen. Neue Boom-Branchen wie Luftfahrt-,

Telekommunikations-, Medien- oder auch Handelsunternehmen expandierten zwar stark, aber solche Erwartungen waren fundamental nur in seltenen Fällen gerechtfertigt. Ein Beispiel für die großen Hoffnungen der Aktionäre war der neue entstandene Konzern Procter & Gamble. P&G kontrollierte beispielsweise mit den Konkurrenten Lever Brothers den Weltmarkt für gehärtetes künstliches Speisefett, Seifen und Waschmittel. Beide beherrschten das Welteinkaufskartell für Wal-Tran, einen Rohstoff, dem man steigende Bedeutung zusprach. Zum Glück für die verbleibenden Wale lieferte die chemische Industrie jedoch schnell Substitute. In den USA erreichte die Automobilproduktion einen neuen Stückzahlrekord. Allein im August waren es 516.000 Einheiten. Im Vorjahreszeitraum lediglich 492.000. In den ersten acht Monaten 1929 wurden 4.446.000 Autos in den USA gebaut – gegenüber 3.236.000 in der Vergleichsperiode von 1928. Die Jahresproduktion sollte sich auf rund sechs Millionen Einheiten belaufen. Das Marktpotenzial wurde auf 7.500.000 neue Automobile jährlich geschätzt, von denen rund 15 Prozent exportiert wurden.

GM erzielte einen Marktanteil von 42,4 Prozent, hatte 7.800.000 Aktien im Umlauf und besaß große Barreserven. Trotzdem verzeichnete der Konzern im dritten Quartal einen erneuten Gewinnrückgang gegenüber dem Vorjahreszeitraum. Ford erreichte einen Marktanteil von 14,4 Prozent und beschäftigte 120.000 Arbeiter, die nur fünf Tage die Woche arbeiteten. Henry Ford (1863-1947) produzierte mit ihnen 6.700 Autos pro Tag. Chrysler rangierte nach der Fusion mit Dodge als drittgrößter Autokonzern. In den ersten neun Monaten konnte der Reingewinn gegenüber der Vorjahresperiode gesteigert werden. Die Kautschukindustrie verarbeitete jeden Monat über 30.000 Tonnen Rohgummi nur zur Produktion der Autoreifen. Die amerikanischen Autofahrer verbrauchten 1929 fast 50 Milliarden Liter

Kraftstoff. Die Konsequenz dieser enormen Autoproduktion war, dass 1929 Automobile sogar die bislang führende Baumwolle erstmals von der Spitze der US-Exportstatistik verdrängten. Baumwolle war seit 1865 das wichtigste Exportgut der USA. Die Tatsache, dass in dieser wichtigen Statistik ein Agrarprodukt durch ein hochkomplexes Industrie-Erzeugnis abgelöst wird, zeigt erneut, welchen radikalen Wandel die USA durchlebten.

Der Reingewinn der Autohersteller war, nach der Flugzeugindustrie mit 34 Prozent, einer der höchsten in der Industrie; er lag durchschnittlich bei 27,90 Prozent. Rang drei in der Gewinnmarge erzielten die Stahlwerke mit 7,10 Prozent.

Würde man nur die Gewinnmarge als Bewertungskriterium für die Aktie zugrunde legen – was in der Praxis allerdings zu kurz greift –, wäre ein Investment in Auto- und Flugzeugaktien auch bei einem Tagesgeldsatz von 20 Prozent noch sinnvoll gewesen. Bei Stahlwerken war das hohe Risiko angesichts der möglichen, fast risikofreien Rendite von damals üblichen acht Prozent kaum lohnend. Der Mischkonzern General Electric konnte in den ersten neun Monaten eine Gewinnsteigerung um fast 30 Prozent melden. Dieses Investment hätte sich wiederum gemäß oben genannter Überlegung rentiert.

US-Konzerne verlagerten ihre Produktionsstandorte zunehmend in die Absatzländer. Alle bedeutenden Autohersteller aus dem Land der unbegrenzten Möglichkeiten fertigten ihre Fahrzeuge deshalb auch in Europa. Im Schlepptau der Produzenten kamen die Banken. Sie versuchten mit Hochdruck, ihr Firmennetz zu internationalisieren. Ziel war es, den Kunden vor Ort Finanzierungsmöglichkeiten von US-Waren zu bieten. Als Beispiel für den Wunsch nach Wachstum in neue Dimensionen kann das Vorhaben der meisten Banken des Staates New York an der US-Ostküste genannt werden, sich zu einem Trust mit einem

Aktienkapital von einer Milliarde US-Dollar zusammenzuschließen. Kurz nach dieser Ankündigung wollten Mitte September 1929 die National City Bank und die Corn Exchange Bank zum größten Bankhaus der Welt mit einem Aktienkapital (samt Reserven) von rund 2,4 Milliarden Dollar fusionieren. Aktionäre der Corn Exchange Bank sollten 4/5-Anteile einer Aktie der National City Bank erhalten oder 360 Dollar in Cash. Aktuell notierte die Aktie der National noch über 500 Dollar. Sollte der Kurs unter 450 Dollar fallen, würden Aktionäre der Corn Exchange lieber Cash wählen – so jedenfalls das für unwahrscheinlich gehaltene Kalkül. Chairman of the Board der National City Bank war inzwischen Charles E. Mitchell, der vor wenigen Jahren noch zum Kreis der Spekulanten um Kennedy zählte. Mitchell war seit dem 1. Januar 1929 sogar ein Class-»A«-Direktor der Federal Reserve von New York. Die Zeit der dubiosen Deals schien für ihn vorbei zu sein. Allerdings brachte die neue Doppelrolle auch einen Interessenkonflikt mit sich; denn nicht alles, was gut für das Fed war, musste auch gut für die National City sein.

Auch bei anderen Banken waren wegen des Wachstums der Investment Trusts, die große Aktienpositionen handelten, Konzentrationsbewegungen zu beobachten. Ein Beispiel dafür war die geplante Fusion der Gesellschaften Bondshare Co. und Electric Investors. Das Aktienkapital der neuen Gesellschaft sollte 750 Millionen US-Dollar erreichen. Der Trust wäre damit das größte Bauunternehmen für Kraft- und Wasserwerke, Kanalisationen und Straßen gewesen. Die Generalversammlung vom 9. Oktober segnete die Fusion ab.

Diese Entwicklung hatte Signalwirkung für private Anleger. Die Nachfrage nach bestimmten Titeln steigerte sich. Die Investment Trusts sammelten bald fast drei Milliarden US-Dollar ein. Besonders Maklerfirmen gründeten solche Kapitalsammelstellen. Es gab wegen der damit verbundenen Interessenkonflikte berechtigte Bedenken. Von einer staatlichen Überwachung wurde aber abgesehen. Deshalb beschloss im September der Börsenvorstand, die Kontrolle über die Trusts zu übernehmen.

Die Baumwollernte verlief wegen des heißen Wetters im Spätsommer 1929 nur schleppend. Trotzdem sanken in den USA die Textilpreise. Die Rohstoffpreise gerieten auf breiter Front unter Druck, vor allem bei Tee, Zucker und Baumwolle. Die Preise für Weizen und Kupfer wurden von US-Kartellen kontrolliert und gehalten; die Briten versuchten Ähnliches beim Zinnpreis. Trotz dieser Kartelle fanden massive Produktionsmengen keine Nachfrage mehr. Eine klassische Überangebotssituation zeichnete sich ab. Es kam sogar zu einem Machtkampf zwischen Standard Oil und Royal Dutch Shell. Die Rohölproduktion in den USA stieg nämlich ständig an. Bei weiterhin steigendem Energiebedarf war das ja auch sinnvoll. Allerdings kann man einmal angebohrte Ölquellen kaum schließen – und falls doch, sind sie nicht mehr zu reaktivieren. Produktionsüberschüsse müssen also kostenintensiv gelagert werden. Gespräche zwischen beiden Konzernen führten zunächst zu keinem Ergebnis. Man einigte sich immerhin darauf, welche Absatzmärkte von welcher Gesellschaft bedient werden sollten. In den USA wurden in der Folge die Fördermengen in Oklahoma und Kalifornien reduziert. Bei Benzin war ein Preiskampf der Konzerne zu beobachten. Nach einem kurzen Anstieg senkte die Atlantic Refining Company den Preis für die Gallone. Ende August stimmten die Aktionäre der Standard Oil Company einer Kapitalerhöhung um 75 Millionen auf 450 Millionen US-Dollar zu.

Irving Fisher (1867-1947) berechnete Anfang September 1929, dass sich die Kaufkraft des Greenback in den vergangenen Monaten massiv erhöht hatte: innerhalb von nur sechs Wochen um rund drei Prozent. Gleichzeitig stiegen die US-Exporte massiv an, so beispielsweise im Maschinenbau. Fisher zeigte sich optimistisch über die künftige Entwicklung des Marktes. Selbst unmittelbar vor dem Crash sah er keinerlei Gefahr einer Depression. Seine Begründung klang auf den ersten Blick einleuchtend: Fisher war überzeugt, dass die Investmentgesellschaften durch ihre breite Diversifikation die Marktbewegungen abfedern würden. Prinzipiell hatte er damit natürlich recht, allerdings hatte Fisher nicht mit der Skrupellosigkeit mancher Investmentgesellschaften gerechnet, die hemmungslos Bilanzen manipulierten. Viel kritisiert wurde seine heute naiv anmutende Äußerung, dass Aktien nun ein wohl dauerhaft hohes Niveau erreicht hätten.

Fisher hätte es besser wissen müssen. Er hatte die Höhen und Tiefen der Wall Street hautnah miterlebt. Geboren wurde er nur zwei Jahre vor der großen Manipulation des Gold-Marktes durch Jay Gould. Als Charles Dow 1884 erstmals seinen Index veröffentlichte, war Fisher 17 Jahre alt. Beim Sturz des Index auf seinen historischen Tiefstand bei 28,48 Punkten im August 1896 war er bereits 29, und als J. P. Morgan nach dem Kursrutsch von 1907 seine Rettungsaktion startete, war er 40 Jahre alt.

Diese kurze Zusammenfassung zeigt nochmals, dass das Geschehen an der Börse einem permanenten Wechsel unterliegt und die Vorstellung eines dauerhaft hohen Aktienniveaus utopisch ist. Da Investoren also mit dem Phänomen von Hausse und Baisse leben müssen, lohnt es sich, diese Kursbewegungen zu analysieren – und kaum eine war dramatischer als beim Crash von 1929.

Im Rausch der Neuemissionen

Nach dem Sommer 1929 änderte sich die Situation an der Börse grundlegend. Investment Trusts spielten eine immer bedeutendere Rolle, Kleinaktionäre bedienten sich vermehrt der Broker Loans, um sich an der Börse zu engagieren. In den ersten neun Monaten erreichten die Börsenzulassungen in den USA mit einem Volumen von 21.509 Millionen US-Dollar ein neues Rekordniveau. Allein im September 1929 wurden Aktien für 2.718 Millionen Dollar an der NYSE emittiert. Im Vorjahreszeitraum betrug das gesamte Volumen nur 4.866 Millionen Dollar.

Obligationen (engl. Bonds) hingegen führten ein Schattendasein. Die Emissionen beliefen sich in den ersten neun Monaten des Jahres 1929 nur auf 1.451 Millionen US-Dollar. Das Bankhaus Harris, Forbes & Co. war bis Ende August der größte Emittent mit einem Gesamtvolumen von 320 Millionen Dollar. Auf Platz zwei folgte die National City Co. mit einem Volumen von 221 Millionen Dollar. Platz drei nahm die Bancamerica-Blair Co. mit 178 Millionen Dollar ein. Convertibles, also Wandelanleihen, wurden zunehmend beliebter. Solche Konstrukte sollten den Bond-Markt attraktiver machen, da man bei diesen Papieren zu bestimmten Konditionen die Obligation in eine vorab festgelegte Stückzahl Aktien einer Unternehmung wandeln kann, aber immer noch einen gewissen Kapitalschutz durch den Bond hat. Vor allem Investment Trusts emittierten solche Papiere.

Mitte September stellte der »Economist« fest, dass im Jahr 1928 insgesamt 128 spekulativ gegründete Gesellschaften Aktien emittiert hatten. Betrügereien gab es beispielsweise bei der Blue Bird Petrol Group und der Yorkshire Artificial Silk Co. oder auch der Posograph Distribution Co.

Folgende Tabelle gibt einen Eindruck von diesen Emissionen:

Spekulative Aktienemissionen 1928

	Nominalwert	Höchster Börsenwert (in 1.000 £)	Börsenwert August 1929
Kunstseidengesellschaften	8.269	8.806	8.230
Filmunternehmungen	1.676	1.923	651
Grammophongesellschaften	3.465	6.378	1.432
Patentausbeutung	2.543	5.109	1.183
Sicherheitsglasfabrikation	868	1.102	314
Andere	18.839	15.230	10.590
Summe	**30.161**	**38.548**	**17.400**

Dabei ist bemerkenswert, dass ein Großteil dieser Aktien bereits vor dem großen Crash erhebliche Kursrückgänge gegenüber den Höchstständen verzeichnete. So haben die Grammophonge-sellschaften im Vergleich zu den Höchstkursen bereits über 76 Prozent eingebüßt. Selbst zum Nominalwert betrug der Verlust per Ende August bereits 58 Prozent. Dieser schleichende Crash wurde jedoch kaum beachtet. Eigentlich hätte er ein Warnsignal für jeden Investor sein sollen, dass es nur eine Frage der Zeit sein müsse, bis der Kurseinbruch auch auf die Wall Street über-greifen würde. Dort waren nämlich die Börsenkredite bis Mitte September stark gestiegen. An der Wall Street befürchtete man bereits, dass das New Yorker Fed den Rediskontsatz weiter erhö-hen würde. Dieser lag seit Mitte September bei sechs Prozent, während er in den übrigen US-Bundesstaaten bei nur fünf Pro-zent notierte. Allerdings schien das Fed keine weiteren Maßnah-men gegen die beklagten »Spekulationsauswüchse« an der Börse unternehmen zu wollen. Selbst Präsident Hoover sah sich genö-tigt, vor den Gefahren der ungezügelten Spekulation zu warnen.

Wie sich die Broker Loans entwickelt hatten, zeigt folgende Grafik:

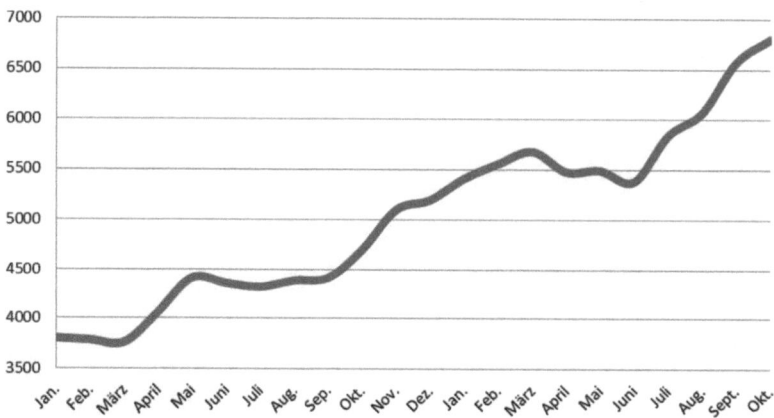

Statistik der Maklerdarlehen Januar 1928 bis Oktober 1929 an der NYSE in Mio. USD

Die Zunahme dieser Broker Loans betrug zwischen Januar und Oktober 1929 rund 1,8 Milliarden US-Dollar, gegenüber dem Vorjahr waren es sogar 2,1 Milliarden Dollar. Seit Mitte Juni waren sie im Durchschnitt wöchentlich um 100 Millionen US-Dollar gestiegen. Käufer mussten je nach Makler zwischen 33 1/3 und 50 Prozent des Aktienpreises in bar zahlen. Schätzungsweise bis zu einer Million US-Bürger kauften damals Aktien auf Kredit – das waren wahrscheinlich bis zu 90 Prozent aller Aktionäre. Zum Vergleich: Die London Stock Exchange hatte im gesamten Jahr 1928 bei starker Emissionstätigkeit umgerechnet insgesamt nur 1,85 Milliarden US-Dollar an neuen Mitteln aufgenommen. Das heißt, allein die New Yorker Kredite für Aktienkäufe der vergangenen sechs Monate überstiegen das gesamte Emissionsvolumen Londons von 1928.

Es waren vor allem diese Mittelzuflüsse über die Broker Loans, welche die Wall Street im Sommer 1929 antrieben. Dies zeigt sich, wenn man die Entwicklung der Maklerdarlehen dem Verlauf des DJIA gegenüberstellt:

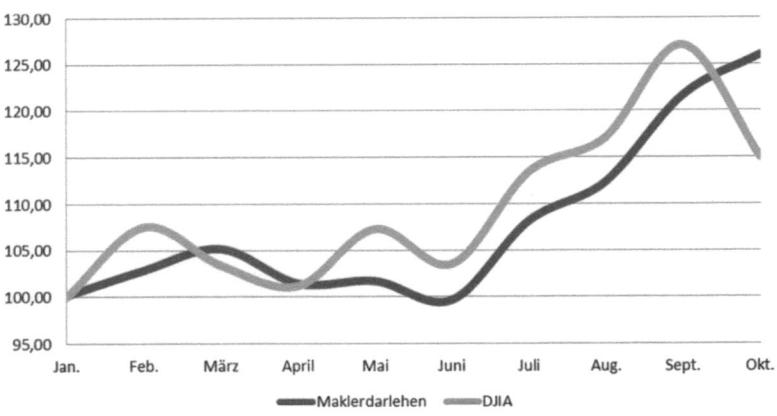

Maklerdarlehen vs. DJIA
Januar bis Oktober 1929 (indexiert)

Jan. Feb. März April Mai Juni Juli Aug. Sept. Okt.

Maklerdarlehen DJIA

Im Juli erreichten die Maklerdarlehen den niedrigsten Stand des Jahres, um dann im August und September wieder massiv zu steigen. Im Januar 1929 lag der Durchschnittspreis für 50 repräsentative Industriewerte noch bei 307,25 Dollar. Von August bis September kletterten die Durchschnittspreise am Aktienmarkt um 90 auf 375 Dollar, bevor sie Ende Oktober bis auf 348 Dollar zurückfielen. Die Liquidität aus den Broker Loans floss aber nicht gleichmäßig in den Markt: An der NYSE wurden Anfang Januar 1929 insgesamt etwa 1.200 verschiedene Aktien gehandelt. Etwa 550 von ihnen verzeichneten in den nächsten Monaten Verluste bis zu 80 Dollar. Etwa 80 Aktien notierten kaum verändert. Der Rest erzielte Gewinne von bis zu 200 Dollar pro Titel – hier waren dann die Hausse Pools aktiv.

Sei dabei mit sieben zu drei

Nach welchen Regeln kauften Investoren im Jahr 1929 Aktien? Die gängige Antwort lautet: Blue Chips sollten bei stabilem Gewinn und Dividendenertrag auf einem Niveau notieren, das zehnmal so groß ist wie der jährliche Reingewinn pro Aktie. Heute würde man analog von einem P/E (Price/Earnings, dt.: Kurs-Gewinn-Verhältnis) von zehn sprechen – einem nach den Maßstäben von 2012 sehr attraktiven Wert für Blue Chips. Aus dem Zielwert von zehn leitete sich damals die Sieben-zu-drei-Regel ab: Die Zahl Sieben steht dabei für die Höhe der Rücklagen und die Drei bezifferte die ausgeschüttete Dividende; addiert ergibt sich wieder der Wert zehn. Dieser Wert wiederum wurde mit zehn multipliziert und sollte den fairen Aktienkurs ergeben. Papiere eines Unternehmens, das günstiger als der Sektor eingestuft wurde, galten als klarer Kauf, ansonsten lohnten sich Gewinnmitnahmen. Für Minenaktien rechneten Anleger beispielsweise mit einer Kennzahl von acht.

Diese Annahmen dominierten die Aktienbewertung an der Wall Street für zwei Jahrzehnte. Sie wurde ursprünglich unter der Präsidentschaft von William McKinley (Präsident 1897-1901) und Theodore Roosevelt (Präsident 1901-1909) festgelegt. 1929 galten folgende Kennzahlen als Richtwerte für die Beurteilung von Aktien verschiedener Branchen:

Stahlwerke:	12-15
Detailhandel:	20-22
Utilities:	25 und mehr
Nahrungsmittel:	16
Eisenbahnen:	12-15
Konservenfabriken:	15-20
Kupferindustrie:	8-10

Bei einem Koeffizienten von über 25 wie bei den Versorgern erwarteten die Investoren das höchste Gewinnwachstum. Allerdings waren die Aktien von Versorgungsunternehmen bereits stark gestiegen. Bedenkt man zudem, dass der durchschnittliche Return on Investment (ROI) dieser Utilities nur bei etwa bei 1,5 Prozent lag, wird schnell klar, dass weitere Kurssteigerungen fundamental nicht begründet waren und es zu einer massiven Kurskorrektur kommen musste. Ähnliches galt für den Detailhandel, der von den Marktteilnehmern als sehr hoch bewertet eingeschätzt wurde, obwohl beispielsweise die Aktie von Montgomery Ward bereits eine erstaunliche Rallye hinter sich hatte.

Genügend Warnzeichen für einen erheblichen Kursrückschlag waren also vorhanden, doch sie wurden in den Wind geschlagen. John J. Raskob, Finanzchef von General Motors und Chairman des National Democratic Committee, erklärte im Sommer in einem Artikel des »The Ladies Home Journal«, dass jedermann reich sein solle – natürlich mit einem Aktieninvestment. Schon mit einem monatlichen Investment von nur 15 US-Dollar könne man an der Börse in 20 Jahren samt Dividenden ein Vermögen von 80.000 US-Dollar erzielen. Allerdings hatte Raskob nicht sonderlich genau gerechnet (wie übrigens auch John Galbraith nicht, dem die erzielbare Summe offensichtlich utopisch hoch erscheint), denn dies würde nur einer durchschnittlichen Verzinsung von 1,96 Prozent entsprechen – also einem Zinssatz, den man selbst mit einem Sparbuch leicht erreicht.

Die ungehörte Warnung

Die Börsenwelt schien jedenfalls in bester Ordnung, denn als der Präsident der National City Bank, der schon bekannte Charles E. Mitchell, im Sommer 1929 von einer Europareise zurückkehrte, erklärte er vor der Presse, dass er keine fundamentalen Anzeichen erkenne, dass etwas mit dem Aktienmarkt nicht in Ordnung sei. Am 3. September 1929 erreichte der DJIA mit 381,17 Punkten einen neuen Höchststand. Was kaum jemand ahnte, war die bittere Tatsache, dass dies der Wendepunkt sein sollte.

Es gab jedoch eine warnende Stimme: die von Roger Ward Babson (1875-1967).

Vor seiner Bekehrung zum überzeugten Christen war er Mitglied einer irischen Jugendbande. Nach seinem Studium am MIT und der Arbeit in einem Bostoner Investmenthaus versuchte er sich als Bond-Verkäufer in New York. Eine schwere Tuberkulose-Erkrankung beendete seine Karriere. 1904 gründete er zusammen mit seiner Frau die Business Statistical Organization (BSO). Nach dem Crash von 1907 entwickelte er die Area-Theory, mit der es möglich sein sollte, im Konjunkturzyklus jeweils erfolgreich zu investieren. Seine Idee stellte er 1910 erstmals grafisch in seinem Babson-Chart dar. Aus einem preisbereinigten Index für die Rendite von 20 festverzinslichen Papieren, den Aktienkursen für 20 Eisenbahn- und 20 Industrieaktien sowie den Großhandelspreisen für 20 verschiedene Waren, ohne Lebensmittel, errechnete er sein Babson-Barometer. In dem Umstand, dass vor allem die Aktienkurse in den letzten Jahren stark gestiegen waren, während die übrigen Indikatoren gefallen waren, sah er ein klares Warnzeichen.

Kaum anders beurteilten auch die Ökonomen von Harvard die Lage, denn ein ähnliches Bild ergab sich auch beim seit 1923 berechneten »Monthly Index Chart« der Harvard Economic Society. Dieser kombinierte einen Spekulationsindex für Aktien mit einem Indikator für Geldmarktsätze und einem Business-Index, der sich wiederum aus Rohstoffpreisen und Bankschulden in 140 Städten außerhalb New Yorks zusammensetzte.

Am 5. September lud Babson zu seiner jährlichen National Business Conference. Er warnte seine Zuhörer eindringlich, dass früher oder später ein Börsencrash drohen werde. Ein Einbruch um 80 oder 90 Punkte hätte fatale Folgen für die gesamte Wirtschaft der USA. Obwohl seine Theorien umstritten waren, fand er doch genügend Anhänger, die sofort ihre Aktien verkauften. Das Volumen an der NYSE erreichte nach Babsons Warnung 5.565.280 Aktien, viele Blue Chips kamen dabei unter Druck. Diese Verkaufswelle ging mit dem Namen Babson-Break in die Geschichte der Wall Street ein.

Wenn viele Anleger die Warnungen Babsons in den Wind schlugen, dann sicher auch deshalb, weil der Hunger der Anleger nach neuen Titeln ungebrochen war: Als am 16. September die United States and Overseas Corp. 600.000 Aktien zu 35 Dollar emittierte, griffen die Anleger zu. Die Aktien wurden sogar stark überzeichnet. Genau wie bei der All American General Corp., die ebenfalls 600.000 Aktien zum Stückpreis von 27,5 Dollar ausgab. Lehman brachte sogar 900.000 Aktien auf den Markt, und die Reliance International Co. emittierte 500.000 Aktien zu 62,5 Dollar. Callgeld notierte an diesem Tag zu 7,5 Prozent. Dies ist der Zinssatz, zu dem Broker Geld aufnehmen können, um die Aktienkredite ihrer Kunden zu decken. Insgesamt wurden an diesem Tag 4.179.000 Aktien umgesetzt.

Zwei Tage später stieg der Zinssatz für Callgeld im Tagesverlauf von neun auf zehn Prozent; dadurch nahm die Volatilität am Markt etwas ab. Allerdings heizten neue Meldungen die Spekulationswut der Anleger wieder an. So kursierte die Nachricht, dass die Gründung des weltgrößten Investment Trusts unmittelbar bevorstünde. Das Unternehmen sollte über 400 Millionen US-Dollar zum Erwerb der Aktienmehrheit an 15 größeren Banken in New York State in seiner Kasse haben. Es war geplant, mit weiteren 500 Millionen Dollar Banken in anderen Staaten zu erwerben. Zudem sollte mit weiteren 100 Millionen US-Dollar noch eine eigene Bank in New York gegründet werden. Der neue Trust sollte den Namen Marine Midland Trust tragen. Marine Midland wiederum plante die Emission von zehn Millionen eigenen Aktien. Mit einem weiteren Aktienpaket von vier Millionen war die Übernahme von insgesamt 16 Banken vorgesehen. Eine Million der Papiere wurde zu 60 Dollar am Markt platziert, und der Rest sollte als Reserve gehalten werden. Die Zahl solcher aggressiver Investment Trusts war gerade in den letzten Monaten beunruhigend schnell auf mehr als 300 im ganzen Land gestiegen. Schätzungsweise verwalteten sie ein gigantisches Gesamtvermögen von rund acht Milliarden US-Dollar.

Am 18. September waren die Aktien von Commercial Solvent bei den Investoren wieder besonders gefragt und legten um 51 auf 601 Dollar zu. Selbst nach der Ankündigung eines Aktiensplits im Verhältnis 1:10 vor wenigen Tagen kletterte der Wert um 31 auf 530 Dollar. Der Glaube an einen weiterhin steigenden Konsum und wachsenden Wohlstand beflügelte auch die Aktien des Luxuswagenkonzerns Auburn Automobile Co. Die Titel konnten vor allem durch Käufe der Investment Trusts zulegen.

Insgesamt wurden an diesem Tag 3.997.000 Aktien gehandelt. Durch das gegenüber den Vortagen geringere Volumen wurde der Satz für Callgeld von zehn auf sieben Prozent gesenkt. Der Satz für Tagesgeld reduzierte sich sogar von neun auf acht Prozent und in der letzten Handelsstunde des 19. Septembers sank die Rate auf sieben Prozent. Dafür stieg das Handelsvolumen wieder auf 4.128.000 Aktien. An diesem Tag bevorzugten die Investment Trusts wieder vornehmlich Public Utilities. Die bereits bekannte Aktie von Commercial Solvent Co. stieg um unglaubliche 106 auf 700 Dollar. Das war wohl selbst den abgebrühten Haussiers zu viel. Nach Gewinnmitnahmen sanken die Titel auf 660 Dollar. Auch Auburn Automobile Co. verloren durch Gewinnmitnahmen 16 Dollar. U. S. Steel gaben moderate sechs Dollar ab.

Hatrys großes Spiel

Am 20. September war die Stimmung am Parkett zunächst erneut »bullish«. Callgeld war wieder auf acht Prozent gesunken und die Aktien von Commercial Solvent konnten erneut um 30 Dollar zulegen – die Aktie war zum Spielball der Zocker geworden. Zum Ende der Sitzung gab es jedoch überall massive Gewinnmitnahmen. Vor allem U. S. Steel gerieten durch die Meldungen um die Hatry-Affäre in London unter Druck.

Der dubiose Großspekulant Clarence Charles Hatry (40) sorgte dort nämlich für Negativschlagzeilen. Hatry war ursprünglich ein kleiner Angestellter einer unbedeutenden Versicherungsgesellschaft. Nach dem Weltkrieg entdeckte er sein wahres Talent und gründete die London Bank. Daraus formte er die Commercial Bank of London mit einem Aktienkapital von fünf Millionen Pfund. Im Juni 1923 musste die Bank liquidiert werden. Hatry zog sich nach dem Skandal für einige Zeit zurück, um schließlich im Jahr 1926 wieder in der City aufzutauchen, als er sich am Börsengang der British Glass Industry beteiligte. Das Unternehmen geriet jedoch schnell in eine Krise und wurde im Oktober 1926 reorganisiert. Ebenfalls in die Problemzone geriet die von Hatry gegründete Jute Industries

Limited. Der von ihm lancierte Drapery Trust unterhielt mehrere Warenhäuser in England, die er später an die Kaufhauskette Debenhams abgeben musste. Ab Januar 1927 trat Hatry mit der Gründung der Corporation and General Securities ins Licht der Öffentlichkeit. Dieser Investment Trust besaß ein Aktienkapital von 700.000 Pfund. Für 1928 erhielten die Teilhaber eine Dividende von sieben Prozent. Außerdem gelang es Hatry, sich mit einigen illustren Namen zu schmücken, die für die entsprechende Aufmerksamkeit sorgten.

Im Frühjahr 1929 versuchte Hatry, die Kontrolle über U. S. Steel zu erlangen. Er gründete dazu die Steel Industry of Great Britain Limited, die wiederum die U. S. Steel Limited kontrollierte. Das Transaktionsvolumen betrug stattliche acht Millionen Pfund. Hatry gründete auch noch die Allied Iron Founders Limited, die mehrere Gussfabriken fusionierte.

Die Hatry-Gruppe war schließlich unglaublich weit verzweigt. Zu ihr gehörten die Associated Automatic Machine Corp., die Far Eastern Photomaton, die Oak Investment Corporation, die Photomaton Parent Corporation, Retail Trade Securities, Wakefield Corporation und die bereits erwähnten Unternehmen Corporation and General Securities und Drapery Trust. Zu guter Letzt stand auch noch der Dundee Trust Ltd. in enger Verbindung mit Hatrys Konglomerat.

Die Behörden wurden auf den dubiosen Finanzjongleur aufmerksam, nachdem eine von Hatry lancierte Anleihe platzte: Seine Corporation and General Securities hatte für die Gemeinde Wakefield eine Anleihe mit einem Volumen von 750.000 Pfund begeben. Die Verzinsung sollte 4,5 Prozent betragen. Ein Teil der eigentlich wertlosen Papiere wurde beim Porchester Trust hinterlegt. Der Verlust für die Gemeinde Wakefield aus der Anleihe wurde auf rund 320.000 Pfund beziffert. Wie sich herausstellte, hatten Hatrys Firmen auf diese Weise in betrügerischer Absicht 209.141 Pfund vom Porchester Trust erlangt. In den

Vorjahren hatte Hatry mit der Emission solcher Anleihen Erfolg, und trat damit sogar in Konkurrenz zu etablierten Adressen der City. Nun aber drohte das Kartenhaus einzustürzen, da auch die an der Börse gehandelten Firmen seines Konglomerats in den Sog dieser Pleite gerieten. Hatry hatte die Photomaton Parent Corporation mit einem Aktienkapital von 1.428.500 Pfund gegründet. Sie sollte die Patentrechte amerikanischer Photoautomaten verwerten. Die ebenfalls zu seinem Imperium gehörende Associated Automatic Machine Co. besaß ein Aktienkapital von 1.200.000 Pfund. Die Retail Trade Securities Limited schließlich emittierte Aktien für 1.250.000 Pfund. Das Unternehmen zahlte noch 1928/29 eine Dividende von sechs Prozent. Hatrys Oak Investment Corp. zahlte sogar sieben Prozent Dividende auf ihr Aktienkapital von 750.000 Pfund.

Nach dem Wakefield-Skandal war jedoch der Damm gebrochen. Die Aktien der Photomaton Parent Corporation erlitten innerhalb weniger Tage bis zum 20. September massive Kursrückgänge auf nur noch zwei Shilling. Der Nominalwert der Aktien betrug bei der Ausgabe vor wenigen Monaten fünf Shilling und der Höchstkurs lag sogar bei 15,75 Shilling. Nun kollabierte Hatrys Imperium nach dem Muster von ähnlichen Pyramidengeschäften, denn was Hatry geschaffen hatte, war ein riesiger Verschiebebahnhof für Geld, dessen Mechanismen kaum jemand durchschaute.

Hatry wurde mit drei seiner Direktoren (Edmond Daniels (31), Albert Edward Tabor (36), John Graham Goodfellow Dixon (37)) verhaftet, nachdem sie sich freiwillig gestellt hatten. Da der Richter eine Kaution ablehnte, landeten sie im Gefängnis von Brixton. Hatry wurde mit sofortiger Wirkung aus dem Verwaltungsrat der London Assurance Co. ausgeschlossen. In den komplizierten Fall waren der bekannte Börsenmakler G. I. Russell und auch Lord Winchester verwickelt, der einige

Mandate als Verwaltungsratspräsident bei Hatry-Gesellschaften innehatte. Der Lord erklärte der gespannten Öffentlichkeit kurz darauf, dass Sir Gilbert Garnsey von Price Waterhouse & Co. mit der Prüfung der Vorfälle beauftragt worden sei. Die Untersuchung kam etwa zu diesem Ergebnis: Hatry war es gelungen, mit waghalsigen Spekulationen mehr als zehn Millionen Pfund einzusammeln, die er in sein verschachteltes Firmenimperium investierte. Über seine Tochterfirmen, wie etwa die Corporation and General Securities (Höchstkurs 22,1 Shilling, Rückgang auf 7,6 Shilling), sammelte er munter weiter Geld ein, das im undurchsichtigen Geflecht seiner Beteiligungen verschwand. Die Photomaton Parent Corporation geriet durch die Manipulationen in Konkurs, und weitere Firmen aus dem Hatry-Konglomerat wurden so zum Sanierungsfall. Insgesamt vier Unternehmen aus der Gruppe meldeten Konkurs an. Der Handel mit Hatry-Papieren wurde an der London Stock Exchange ausgesetzt, und die Börsenaufsicht setzte einen Untersuchungsausschuss ein. Die Liquidation für die gefährdeten Papiere wurde von der Börsenaufsicht auf den 24. Oktober angesetzt. Anlegern wurde geraten, nichts zu tun und abzuwarten. Börsenbeobachter urteilten, dass das entschlossene Durchgreifen der Börsenaufsicht die Auswirkungen der Pleite erfolgreich begrenzt hatte.

Der Zusammenbruch des Hatry-Imperiums ließ am 21. September den Kurs des englischen Pfunds in New York nochmals dramatisch fallen. Die Verluste der Hatry-Gesellschaften wurden auf 125 Millionen US-Dollar geschätzt. Hatry wanderte für einige Jahre ins Gefängnis. Seinen mondänen Lebensstil mit eigener Luxusyacht musste er danach aufgeben, 1940 wurde er Buchhändler.

Das Nachbeben

Die Hatry-Krise zog in ganz Europa ihre Kreise. An der Berliner Börse beschlossen um den 22. September einige Großbanken in einer gemeinsamen Aktion Stützungskäufe, um die stark gesunkenen Kurse abzufangen. Das Konsortium vereinbarte, sich täglich zu treffen, um die notwendigen Maßnahmen zu ergreifen. Doch es erwies sich als sehr schwierig, die unterschiedlichen Interessen zu koordinieren. Einen Streitpunkt bildete die Zukunft der Berliner Liquidationskasse. Viele Anleger trennten sich angesichts dieser Unsicherheiten von ihren Papieren, und die Banken traten als Käufer auf. Die Berliner Spar- und Kreditbank musste einen Tag später Konkurs anmelden. Der Skandal dabei war, dass die Bank nur einen Tag zuvor noch Einlagen angenommen hatte. Es kam zu einem Run auf das Institut, Sparer wollten ihr Geld zurück. Der Direktor erklärte, die Bank sei zahlungsunfähig. Ein Kunde, der seine Einlagen von 1.500 Mark zurückhaben wollte, griff dem Direktor in die Tasche, um dessen Portemonnaie zu entwenden. Der griff darauf zu einer Pistole, um sich die Kunden vom Leibe zu halten. Die eintreffende Polizei verhinderte eine weitere Eskalation der Situation. Noch ein weiterer Skandal erschütterte Berlin. Am 24. September wurden die Brüder Leo, Max und Willy Sklarek verhaftet. Sie hatten die Uniformen für Polizei, Feuerwehr und Krankenhäuser in Berlin geliefert. Dabei kam es zu massiven Beamtenbestechungen, wodurch die Stadt um zehn Millionen Reichsmark geschädigt wurde. Selbst der Oberbürgermeister Gustav Böß war in den Fall verwickelt.

Ebenfalls schlimm war die Situation im Financial District von London. Von Montag, dem 23. bis zum Donnerstag, dem 25. September verlor die Bank of England insgesamt 3.648.106 Pfund ihrer Reserven. 2.447.000 Pfund davon flossen nach

Frankreich, 1.068.000 Pfund an Deutschland und 200.000 Pfund in die USA. Die Goldreserven der Bank of England betrugen damit nur noch 133 Millionen Pfund statt der für die Deckung des Geldumlaufs erforderlichen 150 Millionen Pfund. Mit dem Beginn des Kursrutsches in New York senkte London die Sätze für Tagesgeld, und Auslandskredite wurden eingeschränkt. Das Pfund konnte sich schließlich gegen den US-Dollar erholen. Das Golddefizit in London wurde mit Käufen aus Südafrika gedeckt.

An der Wall Street löste die Meldung Unruhe aus, dass die Maklerdarlehen um 95 Millionen US-Dollar auf 6.569 Millionen Dollar gestiegen waren. Im Vorjahr lag der Vergleichswert bei nur 4.470 Millionen Dollar, das war ein Zuwachs um rund 47 Prozent! Der kumulierte Kurswert der an der NYSE gehandelten Aktien stieg im August um 5,4 Milliarden US-Dollar auf 89,7 Milliarden Dollar. Insgesamt 7,88 Milliarden Dollar oder 8,79 Prozent davon waren lombardiert. Der Tagesgeldsatz betrug zunächst neun Prozent und stieg im Verlauf des 22. September auf zehn Prozent. Obwohl Callgeld weiterhin zu acht Prozent gehandelt wurde, stellten die Händler an der NYSE viele Positionen glatt und es kam teilweise zu starken Kursrückgängen.

Eine Diskontsatzerhöhung in London zeigte bei den Investoren an der Wall Street allerdings kaum Wirkung. Der Handel am 24. September war wieder sehr volatil. Besonders Automobilwerte gerieten zeitweise unter Druck, bis Walter Chrysler erklärte, dass die Autoverkäufe und die daraus erzielten Umsätze höhere Kurse bei den Automobilpapieren rechtfertigten. Wenig Positives hatte allerdings der größte Autokonzern der Welt zu melden: General Motors setzte im August nur noch 174.000 Wagen ab; im Juli waren es noch 187.000 Stück. Gleichzeitig kündigte das Unternehmen an, einen 16-Zylinder-Cadillac der Luxusklasse noch vor Jahresende auf den Markt zu bringen (das

Modell sollte übrigens ein Verkaufsflop werden). Durch diese Ankündigung kamen vor allem die Papiere des Konkurrenten Auburn unter Druck. Die Aktien von General Motors gehörten zu den Favoriten der Aktionäre und eine breite Aktionärsbasis dämpfte die Volatilität des Titels. GM hatte immerhin 140.113 Investoren im dritten Quartal 1929. Allein in diesem Quartal war die Zahl neuer Aktionäre um 14.948 gestiegen. Ende 1928 waren es erst 71.185 registrierte Teilhaber gewesen. Ende 1927 hatte das Unternehmen noch 66.209 Aktionäre und Ende 1926 sogar nur 50.369 Teilhaber. Der Zuwachs im Aktionariat spiegelt sich auch in den gestiegenen Aktienkursen des Unternehmens wider. Trotzdem: Große Kurssprünge wie etwa jene bei American Express waren bei GM eher die Ausnahme. Am 24. September kletterte American Express um bis zu 30 auf 660 Dollar. Der Grund war die Bekanntgabe der Fusion von AmEx mit der Railway Express Co. und der Haygart Co. Anschließende Gewinnmitnahmen drückten den Titel auf 620 Dollar.

An der NYSE zeigten sich die Händler weiterhin nervös. Die Tendenz am Parkett war nach den Meldungen über hohe Maklerdarlehen negativ. Es gab einen massiven Kursrutsch, bevor eine Welle von Stützungskäufen einsetzte. Als diese endeten, sackten die Kurse erneut ein. Callgeld stieg auf neun Prozent. Die Bank of England erhöhte am 25. September den Diskontsatz auf das damals weltweit höchste Niveau, nämlich 6,5 Prozent. Sie wollte mit allen Mitteln weitere Goldabzüge nach New York verhindern. Die Händler hatten diesen Schritt allerdings erwartet. Andere Notenbanken folgten mit einer Erhöhung ihrer Leitzinsen, wenn auch nicht auf dieses Niveau.

Euphorie und Skepsis

Ende September stellte der Konjunkturbericht des Guaranty Trust fest, dass in den USA in verschiedenen Industriezweigen die Beschäftigung zurückging. Verantwortlich war die Überproduktion der letzten Monate, hauptsächlich in der Automobilindustrie. U. S. Steel als Zulieferer erzielte Mitte September nur noch eine Auslastung von 88 Prozent. Zudem wurde Stahlschrott immer billiger. Dies hätte ein weiteres Warnzeichen für die Anleger sein sollen – es blieb jedoch unbeachtet. Zudem registrierte Anfang Oktober auch das New Yorker Fed eine massive Abnahme ihrer Reserven.

Einigen Industrien ging es aber immer noch sehr gut. Standard Oil konnte Ende September eine Rekorddividende von 65,4 Millionen US-Dollar an seine Aktionäre ausschütten. Ende August hatte die Gesellschaft eine Kapitalerhöhung um 75 Millionen Dollar auf 450 Millionen Dollar beschlossen. Standard Oil wollte Anfang Oktober die Vacuum Oil Company übernehmen. Das gemeinsame Aktienkapital der neuen Gesellschaft sollte rund eine Milliarde Dollar betragen.

Die Fusionswelle rollte ungebrochen weiter. Fünf US-Banken verschmolzen Ende September zu einer neuen Gesellschaft. Die beteiligten Banken waren die Peoples Bank aus Detroit, die Waine County Bank, die First National Bank aus Detroit, Security Trust Co. und die Peninsular State Bank. Dieses neue Institut sollte über ein Vermögen von etwa 710 Millionen US-Dollar verfügen. In der Anfang Oktober neu gegründeten Bank of Manhattan Trust Company der Warburg-Gruppe wurden die bisherigen Geschäfte der Bank of Manhattan und der International Acceptance Bank sowie der International Manhattan Company zusammengeführt. Insgesamt machten die Banken einen soliden Eindruck. Depositen und Bilanzsummen der größten

New Yorker Geldhäuser hatten sich im Jahresvergleich durchweg positiv entwickelt.

Banken im Jahresvergleich

	Bilanzsumme in Mio. USD		Depositen in Mio. USD	
	1928	1929	1928	1929
National City Bank	1502,2	1946,2	1102,4	1422,4
Guaranty Trust Co.	838,1	1858,7	657,6	1276,0
Chase National Bank	1156,3	1539,1	892,4	1132,8
Equitable Trust Co.	531,3	932,4	404,2	750,3
Irving Trust Co.	664,1	723,2	524,6	527,1
Bankers Trust Co.	630,7	685,9	485,7	529,3

Stand: 27. September 1929

Anfang Oktober hellte sich die Stimmung unter den Börsianern an der Wall Street wieder etwas auf. Nach positiven Wirtschaftsmeldungen stiegen viele Kurse wieder an. Die Aktien der Columbian Carbon Co. und die der J. I. Case Co. legten in nur einer Sitzung um je 93 Dollar zu. Hausse Pools mischten wieder kräftig mit. Der Satz für Callgeld sank wieder auf sieben Prozent. Die Skepsis über die Entwicklung in New York blieb jedoch in London groß. Am 3. Oktober meldeten die Zeitungen, dass der britische Finanzminister Snowden gravierende Bedenken wegen der Entwicklungen an der Wall Street geäußert habe. Mit Sorge beobachtete er, dass aus allen wichtigen Industrienationen Geld an die NYSE floss. Geldströme erreichten bis dato nicht gekannte Dimensionen. Snowden mahnte eindringlich:»Es muss etwas nicht stimmen und da heißt es aufpassen, wenn der Spekulationswahn in einem Land, das 3.000 Meilen entfernt ist, das finanzielle System unseres Landes ernsthaft stört und im Stande ist, Not über die Arbeiter fast aller Länder der Welt zu bringen. Wir müssen versuchen, solche unheilvollen Auswirkungen zu verhindern ...«. Welche Größenordnung der Geldverkehr angenommen hatte, zeigen diese Zahlen: Der Clearingverkehr belief sich im September auf 59,1 Millionen US-Dollar, im August sogar auf 59,3 Millionen Dollar. Zum Vergleich: Im September 1928 waren es nur 48,8 Millionen Dollar. Das war im Jahresvergleich ein Zuwachs von rund 21 Prozent. Kein Wunder also, dass Snowden ein ungutes Gefühl bekam.

Der Sturm braut sich zusammen

Auch an der Wall Street griff allmählich Unsicherheit über die künftige Marktentwicklung um sich. Die erneut gestiegenen Maklerkredite drückten zunehmend auf die Stimmung. Vor allem die täglich kündbaren Kredite waren enorm gestiegen. Im Handelsverlauf des 3. Oktober mussten die meisten Werte Abschläge hinnehmen. Eine Ausnahme war die Columbian Carbon Co., die durch Käufe von Investment Trusts erneut um 13 auf 309 Dollar zulegte. Die Woche an der Wall Street endete turbulent. Niemand wollte unnötig offene Positionen über das Wochenende halten. Die Umsätze waren am Freitag so groß, dass sich die Kursnotierungen um eine Stunde verzögerten. Die Händler waren einfach überlastet. Ein weiterer Grund für das dramatisch gestiegene Umsatzvolumen war sicher der Umstand, dass Callgeld für nur sechs Prozent angeboten wurde. Die Händler zeigten sich allerdings skeptisch, ob diese Erholung von Dauer sein würde.

Am folgenden Montag schien sich die Lage etwas beruhigt zu haben. Die Investmentfirmen beurteilen den Markt als sehr fest. Zu diesem Optimisten zählte der Commercial Investment

Trust (CIT). Das Unternehmen hatte in der ersten Oktoberwoche neue Aktien emittiert: 125.000 Stamm- und zum Stückpreis von 100 Dollar noch weitere 400.000 konvertierbare Vorzugsaktien. Das Aktienkapital der CIT erhöhte sich dadurch auf 208 Millionen US-Dollar.

Die Wall Street startete also fulminant in die neue Woche. In nur einer Stunde stiegen durch die Käufe der Hausse Pools die Aktien der Columbian Carbon Co. um 35 Dollar; die Aktie war offenbar der neue Liebling der Zocker. Tagesgeld wurde zwischen 8,75 und neun Prozent gehandelt, Callgeld zu sechs Prozent.

Am 8. Oktober besserte sich die Stimmung weiter. Die Wirtschaftslage wurde wieder als sehr positiv beurteilt. Der Satz für Callgeld sank sogar auf fünf Prozent. Gute Nachrichten kamen auch von einigen Unternehmen. So erzielten die Woolworth-Einheitspreisläden im September 1929 einen Umsatz von 22,3 Millionen US-Dollar. Im August waren es sogar 24,5 Millionen Dollar. Trotz dieser Abschwächung war es ein deutlicher Zuwachs gegenüber dem Vorjahr: Im September 1928 belief sich der Umsatz nämlich nur auf 20,7 Millionen Dollar. Ebenfalls an der Börse zulegen konnte die Aktie von Montgomery Ward. Das Unternehmen begann ursprünglich als Versandhaus und hatte in den letzten Jahren zahlreiche Filialen in den ganzen USA eröffnet; seither gehörte das Papier zu den Favoriten der Investoren. Der private Konsum schien im September 1929 also noch intakt zu sein. Nur im Automobilsektor waren ja wie bereits erwähnt Absatzrückgänge zu verzeichnen.

Nur einen Tag später herrschte wieder sehr große Nervosität am Markt aufgrund der bevorstehenden Veröffentlichung des Reserveausweises des Fed. Der Umsatz betrug an diesem Tag 3.152.700 Aktien. Die Volatilität blieb sehr hoch und so endete die Woche mit einer kleinen Rallye. Zu den Tagesgewinnern gehörten am Freitag die Aktien von Otis Elevators, die um 20 auf 450 Dollar stiegen, und Auburn Automobil, die sogar 29 Dollar zulegten. Das Wechselbad der Gefühle an der NYSE ging auch in der neuen Woche weiter. Am Montag, dem 14. Oktober, glaubten Beobachter, die Börse sei in einer sehr gefestigten Position für eine neue Rallye. Die Tagesgeldrate wurde gesenkt, weil auch die Maklerdarlehen gesunken waren. Es wurde ebenfalls positiv vermerkt, dass die Aufträge in der Stahlindustrie wieder stiegen. Die großen Konzerne schränkten die Petroleumförderung etwas ein, um den Preis zu stützen. Selbst die Zigarettenpreise zogen an.

Besonders beliebt bei den Hausse Pools waren jetzt die Aktien von Versorgern. Damit stark gepushte Titel für die Aktionäre auch nach einem kräftigen Preisanstieg optisch attraktiv bleiben, werden sie auch heute noch von Zeit zu Zeit wie schon damals gesplittet. Die City Service Co. räumte beispielsweise ihren Stammaktionären ein Bezugsrecht von einer neuen für zehn alte Aktien zum Preis von 10 Dollar ein. Rund 110 Millionen US-Dollar sollten so in die Kassen der City Service kommen. Diese Neuordnung der Titel zeigt, dass der Glaube an weitere Kursgewinne bei den Versorgungsunternehmen ungebrochen war, denn der Bedarf nach einem Auf- und Ausbau einer modernen Infrastruktur in den USA galt immer noch als enorm. Doch nur einen Tag später waren es genau diese Public Utilities, die im volatilen Handel an der Wall Street deutliche Abgaben verzeichneten. Die hochgepushte Auburn- Automobile-Aktie büßte sogar 13 Dollar ein. Nur einen Tag später waren es nochmals 20 Dollar. Der Automobilsektor geriet weiter unter Druck, weil bekannt wurde, dass die Stahlproduktion wieder gesunken war. U. S. Steel notierten im Tagesverlauf bei 219 Dollar, bevor sie auf 213,5 Dollar zurückfielen. Allerdings gab es auch Hoffnung für den Autosektor: GM und Radio Corp. planten die Gründung eines Joint-Ventures: Die neue

General Motors Radio Corp. sollte Autoradios bauen. Ebenfalls positiv aufgenommen wurde, dass der Präsident der National City Bank, Charles E. Mitchell, die erfolgreiche wirtschaftliche Zusammenarbeit zwischen den USA und Deutschland lobte. Er bezeichnete die ökonomische Lage in Deutschland als günstig. Das war eine gute Nachricht für die USA, schließlich erwartete man ja noch enorme Reparationszahlungen von Deutschland.

Nur zwei Tage später kam es zu einem schweren Kursrutsch an der Berliner Börse. An der Wall Street herrschte danach große Unsicherheit. Zudem hatte die Investment-Banker-Association einen Research-Bericht über die Public Utilities veröffentlicht. Die Banker rieten darin zu Vorsicht und genauer Auswahl beim Kauf dieser Titel. Zudem waren die Händler am Parkett sehr verunsichert über die bevorstehende Veröffentlichung des Börsenkreditausweises. Die Kredite waren in nur einer Woche um 88 Millionen Dollar gestiegen und beliefen sich nun auf 4.664 Millionen Dollar. Das bedeutet, dass das Volumen der auf Pump gekauften Aktien wieder deutlich gestiegen war. Die Woche an der NYSE endete aufgrund der Unsicherheiten im Minus; Interventionen blieben ohne große Wirkung. Die ohnehin gebeutelte Auburn Automobile verloren zum Wochenende 25 Dollar, selbst Westinghouse gab 13 Dollar ab.

Die folgende Tabelle gibt einen kurzen Überblick über einige wichtige Kennzahlen der Börse zur Mitte des Monats Oktober im Jahr 1929.

Die auffälligsten Kennzahlen sind die sprunghafte Veränderung der Maklerdarlehen und der deutliche Anstieg der Aktienumsätze. Alle anderen Komponenten haben sich vergleichsweise moderat entwickelt. Selbst die Leitindizes hatten ihre Höchststände bereits überschritten. Gab es also wirklich Grund für eine ernsthafte Beunruhigung an der Börse?

Der Markt vor dem Crash

	12.10.27	13.10.28	06.10.29	13.10.29
Satz für tägliches Geld in %	4,12	6,38	8	5,5
Aktienumsatz in 1.000 Stück	8.835	18.261	23.656	21.565
Industrieaktien-Index in Punkten	117,8	253,2	188,1	202,5
Eisenbahnaktien-Index in Punkten	134,7	187,8	159,6	167,5
Maklerdarlehen in Mio. $	3.394	4.590	6.804	6.718
Sterling-Kurs ($ vs. £)	4,8713	4,8518	4,8609	4,8656
Goldbestand des Fed in Mio. $	2.972	2.625	2.988	3.012
Notenumlauf $	1.734	1.725	1.851	1.860
Kaufkraft des $ (1913 = 100)	68,4	66,6	69	69,8

Die Lage spitzt sich zu

Am Dienstag, dem 22. Oktober, tagte das Fed, um über eine eventuelle Senkung der Rediskontrate in New York zu beraten. Das Fed nahm bereits seit dem 18. Oktober keine Bankakzepte mehr an, um auf diesem Weg für mehr Liquidität zu sorgen. Zu Beginn der Börsensitzung konnten einige Titel zulegen. Doch die Volatilität stieg mit jeder Stunde. Der Kursticker war gegen Mittag um rund eine Stunde im Rückstand. Die Aktien der Auburn Automobile Co. gaben erneut um 35 Dollar nach. Industrietitel verloren im Schnitt etwa 10 Dollar. Einige Parteien unternahmen Stützungskäufe – mit wenig Erfolg. Zum Handelsende liefen die Tickermeldungen sogar mit einer Verzögerung von 1,5 Stunden. Der Satz für Callgeld wurde auf 7,5 Prozent gesenkt, um den Markt etwas zu beruhigen. Roger Babson meldete sich erneut zu Wort und empfahl den Verkauf von Aktien und den Einstieg in Gold. Allerdings unterschätzten sowohl Babson als auch die Harvard Economic Society die Tragweite der aktuellen Börsenentwicklung. Die Harvard Economic Society sollte sich übrigens einige Jahre später nach diversen Fehlprognosen auflösen.

Am Mittwoch, dem 23. Oktober, verschärfte sich die Lage an der NYSE. Der Handel begann mit einem massiven Kursrutsch. In nur einer Stunde wurden Papiere für 3.000.000.000 Dollar zum Verkauf gestellt: durchschnittlich wurde pro Minute eine Börsenkapitalisierung von 50.000.000 Dollar vernichtet. Die Ticker konnten die Datenflut kaum noch bewältigen und waren bald wieder um eine Stunde im Verzug. Als die Broker schließlich erfuhren, dass die Preise der Papiere inzwischen sogar noch unter den vom Ticker angezeigten Werten lagen, gerieten sie in Panik und verkauften weiter. Insgesamt gingen an diesem Tag 6.368.300 Verkaufsorders bei den Brokern ein. Allein zwischen 14 und 15 Uhr wurden 2.600.000 Kontrakte gehandelt. Einige Händler riefen minutenlang Verkaufsangebote, bis sich endlich ein Abnehmer fand. Über 100 Werte schlossen an der NYSE auf ein neues Jahrestief. Vor allem kleine Anleger, die ihre Aktien kurz zuvor auf Kredit gekauft hatten, gehörten jetzt zu den Verlierern.

Schlechte Nachrichten kamen auch aus Deutschland. Dort war es zu einem massiven Kursrutsch bei den Aktien der Berliner Glanzstoff, einem Kunstseideproduzenten, gekommen, und die Kieler Bank meldete ihre Insolvenz.

Am Donnerstag, dem 24. Oktober, setzte sich der Kursrutsch an der Wall Street ungebremst fort. Schon in der zweiten Börsenstunde herrschte ein ziemliches Durcheinander am Parkett; dort drängten sich an jenem Tag 1.100 Members statt der üblichen 750 bis 800. Gegen 12:30 Uhr wurde die Besuchergalerie wegen der tumultartigen Szenen am Parkett geschlossen.

Einer der letzten Besucher soll Winston Churchill (1874-1965) gewesen sein; bis vor Kurzem hatte er noch als Schatzkanzler in Großbritannien amtiert und das Vereinigte Königreich zum Goldstandard von 1914 zurückgeführt. Das Durcheinander an der NYSE überforderte die Händler. Die Börsenticker gerieten bald über eine Stunde in Verzug. Am Ende dauerte es noch vier Stunden und acht Minuten, bis der Ticker die letzten Notierungen um 19:08 Uhr ausgab. Insgesamt wurden an diesem Tag 12.894.650 Aktien gehandelt. Die schwersten Verluste wurden in den Eröffnungsstunden registriert. Teilweise büßten einige Werte bis zu 100 Dollar ein. Thomas William Lamont (1870-1948) von J. P. Morgan gab vor der Presse beruhigende Erklärungen ab, mit denen sich der Markt etwas stabilisierte. Lamont, der ehemalige Reporter der »New York Tribune«, war seit 1911 Partner bei Morgan und hatte auch bei der Gründung der BIZ maßgeblich geholfen. Der Banker genoss hohes Vertrauen unter den Börsianern. Gegen Handelsschluss stiegen die Kurse nach seiner Erklärung wieder an. American Can schloss 3 Dollar im Plus, Kennecott Copper legte sogar um 8 Dollar zu. Bethlehem Steel notierten mit 25 Cents im Plus und Gold Dust mit 50 Cents.

Der Freitag, der 25. Oktober, war der zweite Schwarze Freitag des 20. Jahrhunderts.[29] Der Handel begann an der NYSE mit einer neuen massiven Verkaufswelle. Aktienpakete zwischen 5.000 und 20.000 Stück wurden bereits bei der Eröffnung zum Verkauf gestellt. Das waren Größenordnungen, die an der Wall Street so gut wie nie vorgekommen waren. Die größte Position war ein Paket von 22.000 Aktien der First National Bank, die allein durch diese Transaktion rund 10 Millionen US-Dollar

---

[29] Bereits am Freitag, den 13.05.1927 erlebte die Wall Street einen größeren Kursrutsch.

ihrer Börsenkapitalisierung verlor. Der Vorsitzende des Aufsichtsrates, Georges Baker, wurde als Großaktionär der Bank zum Verlierer des Tages. Der Börsenticker war gegen Mittag um gut eine Stunde zurück, so dass bei den Anlegern die Unsicherheit über die tatsächliche Kursentwicklung stieg. Anfangs gab es noch vereinzelte Stützungskäufe, doch im Verlauf des Nachmittags wurden die Kursverluste immer dramatischer. Der Kursticker war bald um zwei Stunden im Verzug. Bis um 13:30 Uhr hatten bereits über zehn Millionen Aktien den Besitzer gewechselt. Einige Werte gaben bis zu 50 Dollar ab. Daraufhin trafen sich die Spitzenbanker in den Räumen von J. P. Morgan. Jack Morgan befand sich zu diesem Zeitpunkt noch in Europa. Er nahm an der Pariser Konferenz über die Reparationszahlungen Deutschlands teil. Die Partner von Morgan, allen voran Thomas Lamont, organisierten die Zusammenkunft. Unter den Bankern befanden sich Seward Prosser von Bankers Trust und der Aufsichtsratsvorsitzende der Chase Manhattan Bank, Albert Wiggin. Im Juli 1929 hatte er Leerverkäufe von 42.506 Chase-Aktien an die nach seiner Tochter benannte Shermar Corporation getätigt; Wiggin spekulierte also auf fallende Kurse der Chase-Aktien. Unmittelbar nach der Transaktion im Juli sank der Kurs der Chase tatsächlich. Pikanterweise war Wiggin auch Teilhaber der Shermar Corporation – die verdiente durch die Transaktion exakt 891.600,37 Dollar. Das Geld floss wohl zum Großteil in Wiggins Taschen. Heute sind solche Insider-Deals zum Schutz der übrigen Aktionäre verboten.

Zurück zur Krisensitzung im House of Morgan. Auch der Generaldirektor der National City Bank, Charles E. Mitchell, tauchte auf, und später stieß noch der Generaldirektor der Guaranty Trust Co., William Potter, hinzu. Man beschloss, ein Paket von 240 Millionen US-Dollar bereitzustellen, um den Markt zu stützen. Mitchell selbst hatte mit riesigen Problemen zu kämpfen.

Die erwähnte Übernahme der Corn Exchange Bank durch die National City war nämlich stark gefährdet. Der Kurs der National-City-Aktie war so stark gefallen, dass die Altaktionäre der Corn Exchange lieber das Angebot der Barabfindung in Höhe von 360 Dollar pro Anteil angenommen hätten. Das hätte aber für die durch den Crash angeschlagene National City bedeutet, dass sie bis zu 200 Millionen Dollar ihres Vermögens in bar hätte auszahlen müssen. Mitchell musste an der Sitzung das Haus Morgan um Hilfe bitten. Tatsächlich: J. P. Morgan stellte einen Kredit von zwölf Millionen Dollar bereit.

Als sich die Meldung über die Zusammenkunft der Spitzenbanker an der Wall Street verbreitete, setzte wieder eine Kaufwelle ein, die einige Werte in die Höhe schnellen ließ. Thomas Lamont von J. P. Morgan versuchte, die Investoren zu beruhigen. In einer Rede behauptete er, dass es bei den Banken, soweit bekannt, keine Probleme gebe, und auch von den Maklerfirmen seien keine beunruhigenden Meldungen gekommen – die Probleme um die National City verschwieg er. Lamont erklärte, er wisse nicht, ob das Fed Maßnahmen zur Stützung des Marktes geplant hätte. Auch Charles Mitchell ließ verlauten, dass ihn die Ereignisse nicht beunruhigten; dabei hatte er in Wirklichkeit wohl schlaflose Nächte.

In den Büros der Makler drängten sich immer mehr verunsicherte Kunden. Menschenmengen liefen auf der Straße zusammen. Um 13:30 Uhr kehrte dann der Markt plötzlich. U. S. Steel löste sich von ihrem Tief bei 194,5 Dollar und schnellte bis auf 206 Dollar. Die Aktien von Jones Mauville verloren zunächst 40 Dollar und konnten dann wieder um 30 Dollar zulegen. Der Börsenvorstand begann selbst mit Stützungskäufen, um das Vertrauen in den Markt wieder herzustellen. Doch dann kursierte das Gerücht, die Börse würde vorzeitig geschlossen. Diese Meldung löste eine neue Panik am Parkett aus; jeder verkaufte so schnell und so viele Papiere wie möglich. Beobachter sprachen von Zuständen wie in einem Tollhaus – es herrschte die reine Hysterie. Am Ende des Handelstages war der Kursticker um rund 2,5 Stunden im Verzug. Dabei hatte die NYSE vor rund einem Jahr neue Geräte angeschafft, die mit jedem damals denkbaren Handelsvolumen zurechtkommen sollten. Doch mit dem, was sich in diesen Tagen abspielte, hatte niemand gerechnet. Erst vier Stunden nach Börsenschluss wurden die Schlusskurse an alle Maklerbüros weitergeleitet. Viele dieser Büros mussten die ganze Nacht durcharbeiten, um die sich türmenden Kundenorders abzuarbeiten. Das Telefonnetz in der Stadt und nach Übersee brach zeitweise zusammen. Insgesamt wurden an diesem 25. Oktober an der NYSE rund 12.900.000 Aktien gehandelt. An der Curb Exchange in der Bread Street erreichte der Umsatz 6.887.400 Titel. Einen Umsatz in dieser Höhe hatte es an der Wall Street noch nie zuvor gegeben.

Der Schreck saß tief. Trotzdem gab man sich für die kommenden Tage optimistisch. Ein Grund dafür war, dass die Maklerdarlehen in dieser Woche um 167 Millionen Dollar auf 6.634 Millionen Dollar (Vorjahr: 4.712 Millionen Dollar) gesunken waren und der Satz für Callgeld von sechs auf fünf Prozent reduziert wurde.

»SELL!«

Vor der Börseneröffnung am 26. Oktober soll es zu Krawallen im Börsenviertel gekommen sein. Uniformierte Polizei und Beamte in Zivil patrouillierten im Wall-Street-Bezirk, um gegebenenfalls sofort gegen Demonstranten und Randalierer vorgehen zu können. Der Handel am Parkett begann wie erwartet lebhaft. Um 11 Uhr war der Ticker schon um 25 Minuten zurück. Das Umsatzvolumen wurde durch verschiedene Verkäufe und darauf folgende Stützungskäufe so in die Höhe getrieben, dass die Ticker bald um eine Stunde im Verzug waren. Gerüchte kursierten, dass einige Banken einen Interventionsfonds mit einem Vermögen von einer Milliarde US-Dollar gründen wollten. Der Satz für Callgeld erhöhte sich wieder auf sechs Prozent.

Jetzt wurden Stimmen laut, dass der Crash der letzten Tage längst hätte kommen müssen. Der gebürtige Hamburger Notenbanker Paul M. Warburg (1868-1932) hatte schon im März vor einem Crash und einer Depression gewarnt. Aber es war auch die Stunde der Besserwisser. Nun wurde auch Kritik laut, dass die Mehrzahl der Broker jung war und dass viele von ihnen noch nicht länger als sechs Jahre Erfahrung besaßen. Alfred P. Sloan, Präsident von GM, befand sich auf dem Weg von Southampton nach New York an Bord der Mauretania und erklärte: »Nun kann jeder wieder an die Arbeit gehen.« Der Crash hätte seiner Meinung nach kommen müssen, da die Spekulation die Leute von dem abgelenkt hätte, was sie wirklich wohlhabend machen würde – nämlich von der Arbeit. Allerdings sei der Kurseinbruch in der Tat sehr drastisch.

Doch es gab auch positive Unternehmensmeldungen, die den Markt stützen sollten. Eine Mitteilung von Charles Schwab, dem Generaldirektor von Bethlehem Steel, lobte die gute Lage der US-Stahlindustrie. Die United Press zitierte ihn mit den Worten: »Wir sind jetzt nahe dem besten Jahr, das die Stahlindustrie je erlebt hat.« Ging es also bald wieder aufwärts? Die Bank of Manhattan Co. kündigte die Fusion mit der Title Mortgage Co. an, und die National City Bank präsentierte sich als Lead-Manager bei der geplanten Fusion von Hershey Chocolate (Aktienkapital 25.000.000 Dollar), Kraft-Phenix Cheese (38.000.000 Dollar) und Colgate-Palmolive-Peet (36.000.000 Dollar). General Hardbord, der Präsident der Radio Corp., kündigte unterdessen an, dass das Unternehmen mit seiner Tochtergesellschaft Victor Talking Machine Co. zu einer Einigung mit GE und Westinghouse Electric über die Fusion des Radiogeschäftes gekommen sei. Apparate sollten künftig gemeinsam gebaut und vermarktet werden. Das klang alles nach »business as usual«. Die Aktien von General Electric verloren im kurzen Samstagshandel 10 Dollar.

An der NYSE wurden in den zwei Handelsstunden des Tages 2.083.000 Aktien umgesetzt, an der Curb waren es 927.000 Aktien. In der abgelaufenen Woche wurden insgesamt 37.460.000 Aktien gehandelt (Vorwoche: 20.807.000 Stück). Die Steigerung des Volumens um rund 57 Prozent gegenüber dem Vorjahr zeigt die ganze Dramatik des Geschehens am Parkett. Der aus 20 Aktien errechnete Railway-Index sank im Wochenverlauf um 5,4 Punkte auf einen Stand von 166,32 Punkten.

Am nächsten Tag versuchte US-Präsident Hoover, mit einer Rede die Märkte zu beruhigen. Vielen Marktteilnehmern war allerdings zu diesem Zeitpunkt klar, dass der Aufwärtstrend zunächst gebrochen war. Man rechnete jedoch nur noch mit einem geringen Verkaufsdruck in nächster Zeit.

Über das Wochenende türmten sich die Aufträge wieder in den Büros der Broker. Als am Montag die NYSE öffnete, hatten viele Händler eine Erholung der Kurse erwartet. Doch es setzte eine neue Verkaufswelle ein, die viele am Parkett überraschte. Schon zu Beginn waren die Notierungen am Big Board niedriger als jene auf dem Tickerband. Das löste wieder Panik unter den gestressten Börsianern aus. Bis Mittag verloren die Aktien von General Electric 30 Dollar. Westinghouse und Allied Chemical kamen ebenfalls unter Druck, U. S. Steel sank auf 196 Dollar. Die Banken unternahmen keinen Versuch mehr, die Kurse zu stützen. U. S. Steel fiel weiter auf 185,5 Dollar. Inzwischen arbeitete der Ticker mit einer Stunde Verzögerung. Cities Service hatte vor Kurzem noch neue Aktien zu 60 Dollar auf den Markt geworfen und fiel nun auf 27,5 Dollar. Electric Investors sanken um 47 auf 125 Dollar, der Jahreshöchstkurs der Aktie hatte bei 302,875 Dollar gelegen. Die Papiere von Goldman Sachs verloren 16 Dollar, Lehman Corp. büßten nur 6 Dollar ein und lagen zuletzt bei 92 Dollar. Kurz zuvor hatte das Unternehmen noch Aktien zu 104 Dollar emittiert. Nachmittags sanken GE-Aktien um weitere 3 Dollar. Die Aktien der National City Bank verloren 14 Dollar, die der Bank of America 18 Dollar, Guaranty Trust gaben 160 Dollar ab. Andere Banken verloren teilweise 200 oder 300 Dollar. Die Titel der First National Bank brachen sogar um 500 Dollar ein. Größter Aktionär mit 22.000 Stück war George F. Baker. Seine Verluste wurden mit rund zehn Millionen US-Dollar am Donnerstag und weiteren 6,5 Millionen Dollar an diesem Montag beziffert. Selbst am bisher stabilen Weizenmarkt kam es zu einem Preissturz.

Charles E. Mitchell von der National City Bank beriet sich erneut mit anderen Bankern im House of Morgan. Die Lage war nur noch als katastrophal zu beschreiben. Es herrschte überall Entsetzen und Ratlosigkeit. Vor dem House of Morgan versammelte sich eine verunsicherte Menschenmenge, die auf eine Erklärung und auf Hilfe hoffte. Thomas Lamont sagte der Presse gegen Mittag, er werde kein Statement abgegeben. Die Banker entschlossen sich, nochmals zu intervenieren. So kaufte gegen 13:30 Uhr Richard Whitney, Vize-Präsident der NYSE, für J. P. Morgan Aktien. Am Stand des Händlers von U. S. Steel rief er mit fester Stimme:»205 für 25.000 Aktien U. S. Steel« – ein legendärer Börsenauftrag. Whitney ging anschließend von Stand zu Stand und platzierte weitere Orders. Danach stiegen die Aktienkurse wieder an. Call Money notierte bei sechs Prozent. Allein in den letzten 50 Minuten des Handelstages wurden 2.384.300 Aktien gehandelt; so viel wie sonst an einem ganzen Tag. Der Ticker benötigte noch zweieinhalb Stunden nach Börsenschluss, um die letzten Notierungen an die Broker zu übermitteln. An der NYSE waren in dieser Sitzung 9.212.800 Aktien gehandelt worden. Die Curb Exchange erlebte den schlimmsten Kurssturz ihrer Geschichte. Laut »Financial Times« wurden insgesamt über 13 Millionen Aktien an diesem Tag gehandelt.

Damit endete der bislang schwärzeste Tag in der Geschichte der Wall Street – niemals zuvor waren die Verluste so hoch. Rund zehn Milliarden Dollar Börsenkapitalisierung sind wohl an diesem Tag vernichtet worden. Allein die zehn führenden Aktien verloren 1.454.800.500 Dollar. An diesem Montag, dem 28.10.1929, verlor der Dow 38,33 Punkte oder 12,82 Prozent, der Schlussstand lag bei nur noch 260,64 Punkten. Dies war der zweitgrößte prozentuale Verlust des 20. Jahrhunderts überhaupt.

Es war Zufall, dass sich viele Öl-Barone aus dem Mittleren Westen in der Stadt aufhielten. Eigentlich wollten sie beraten, wie auf den Preissturz der kalifornischen Förderer zu reagieren sei. Die hatten nämlich am vergangenen Donnerstag den Preis für ein Barrel auf durchschnittlich 50 Cents reduziert. Nun erlebten die Ölmagnaten einen Preissturz ganz anderer Dimensionen und mussten hilflos zusehen, wie der Wert ihrer Firmen dahinschmolz.

Viele Angestellte der Broker-Firmen und Banken arbeiteten seit Mittwoch ohne Unterbrechung durch, so groß war das Auftragsvolumen, das sie zu bearbeiten hatten. Die physische und psychische Belastung war für die meisten kaum noch zu ertragen. Über Nacht gab es immer wieder viele Margin Calls. Kleinanleger, die Aktien auf Kredit gekauft hatten und deren Papiere nun stark gefallen waren, mussten jetzt unmittelbar den Kredit bedienen. Andernfalls wurde das Depot zwangsliquidiert.

Black Tuesday

Als die Börse am Dienstag, dem 29. Oktober, eröffnete, brach ein unglaublicher Sturm los. Eröffnet wurde mit einem Block von 10.000 U. S. Steel-Aktien, die zu 185,75 Dollar angeboten wurden, 25 Cents unter dem letzten Schlusskurs. Innerhalb von nur 15 Minuten schoss Steel wieder auf 192 Dollar. Dann wurden Pakete zwischen 10.000 und 50.000 Stück auf den Markt geworfen, mit der Folge, dass viele Stopp-Loss-Orders ausgelöst wurden. Einige Aktien verloren sofort bis zu 40 Dollar. Besonders schwer traf es dabei die Public Utilities. Viele Makler weigerten sich, Aufträge auf die Trans-America Corp. aus San Francisco auszuführen. Als der Handel mit diesen Papieren schließlich begann, eröffneten sie an der Curb mit 32 Dollar und fielen auf 20 Dollar. Der Wert hatte am Vortag noch bei 62,5 Dollar geschlossen. Als der Kurssturz bekannt wurde, kam es an der Börse von San Francisco zu einer Panik unter den dort versammelten Händlern. Der Bankier Gianinni, Generaldirektor der Trans-America Corp., versuchte, die Anleger zu beruhigen und appellierte, Vertrauen in die Gesellschaft zu haben. Wie durch ein Wunder erholte sich der Titel im Tagesverlauf auf 40 Dollar.

Was sich in den Vormittagstunden am Parkett der NYSE abspielte, war die reinste Hysterie. Die Händler schrien ihre Orders so laut, dass die Rufe auf der Straße zu hören waren. Dort versammelte sich eine immer größere Menschenmenge. In den ersten 30 Handelsminuten wurden an der NYSE 3.259.000 Aktien umgeschlagen. Das hatte es noch nie gegeben. Der Ticker fiel bereits um 17 Minuten zurück. Bis zum Mittag stieg das Volumen auf 8.378.000 Aktien. Nun lag der Ticker um fast eine Stunde zurück. Viele Händler mussten immer neue Positionen abstoßen, um überhaupt liquide zu bleiben. In dieser Abwärtsspirale wurden zahlreiche Investoren trotzdem zahlungsunfähig. Die Händler rechneten nun damit, dass die Nachfrage nach festverzinslichen Papieren steigen würde; Bonds waren wieder der Save-Haven – die erhoffte sichere Alternative zu Aktien.

Plötzlich verbreitete sich unter den Börsianern die Meldung, dass die Maklerfirma John J. Bell zahlungsunfähig war. Der Börsenausschuss schloss Bell sofort von der Curb Exchange aus. Obwohl das Haus keine Geschäfte an der NYSE tätigte, war die Panik so groß, dass dort sofort eine neue Verkaufswelle einsetzte.

Bis 13 Uhr wechselten 8.379.000 Aktien den Besitzer. Die Ticker waren am Ende der Sitzung mit den Notierungen 104 Minuten im Rückstand. Es gab neue Verwirrung am Parkett, als die Notierungen am Big Board plötzlich höher waren als auf dem Tickerband. Stiegen die Kurse tatsächlich wieder? Welcher Kurs stimmte? Die Notierungen der Curb wurden mit über 100 Minuten Verzögerung vom Ticker gemeldet.

Der Börsenvorstand beschloss in diesem allgemeinen Chaos, die Handelszeiten ausnahmsweise bis 15 Uhr zu verlängern, um möglichst viele Aufträge abzuarbeiten und am nächsten Tag später zu öffnen. Ursprünglich sollte die NYSE sogar für drei Tage ganz geschlossen werden, um alle aufgelaufenen Orders abzuarbeiten. Owen D. Young (1874-1962)[30], der Chairman von Radio und GE, Charles E. Mitchell und andere Banker trafen sich gegen Mittag im Büro von J. P. Morgan zu einer weiteren Krisensitzung. J. P. Morgan veröffentlichte folgendes Communiqué: »Die Bankengruppe unterstützt die Maßnahmen der Gouverneure der Börse voll und ganz, um den überarbeiteten Angestellten an der Wall Street einige Stunden Pause zu geben. In einer Phase überaus großer Belastung haben diese Häuser und ihre Mitarbeiter

---

[30] Der Rechtsanwalt verhandelte später den Young-Plan.

eine großartige Leistung vollbracht. Es war einzig durch ihre unzweifelhafte Bestimmtheit und Loyalität möglich, den physischen Ablauf von Handel und Clearing an der Börse aufrechtzuerhalten.« J. P. Morgan, National City, First National and Chase, National Bank, Bankers Trust, Equitable Trust, Irving Trust und die Bank of America einigten sich darauf, die Margin für Broker Loans von 50 auf 25 Prozent zu reduzieren. Dadurch sollte eine neue Verkaufswelle durch Margin Calls bei den Anlegern, die auf Kredit gekauft hatten, eingedämmt werden. Außerdem wollte man die weitere Zwangsliquidation von Portfolios verringern, die die Kurse unweigerlich noch weiter abwärts getrieben hätten. Der Satz für Tagesgeld wurde auf fünf Prozent reduziert. Weitere Hoffnung wurde vor allem daran geknüpft, dass die Broker Loans in den nächsten Tagen drastisch sinken würden, da ja durch die jüngsten Margin Calls das Kreditvolumen deutlich sinken musste. Thomas Lamont erklärte der Presse nach dem Treffen, dass die Situation nun deutlich besser wäre. Die ersten Händler gaben sich bereits wieder optimistisch und erwarteten wieder steigende Kurse. U. S. Steel beispielsweise notierten gegen 13 Uhr bei 185¾ Dollar, dann bei 192, 181½, 185, 175 Dollar und bis kurz vor Ende der Sitzung fiel die Aktie auf 167 Dollar. Die Volatilität dieses Blue Chips zeigte, wie nervös der Handel war. Gegen 13:30 Uhr folgte eine neue Welle von Stützungskäufen, die von einer neuen Verkaufswelle gefolgt wurde. Bis zu diesem Zeitpunkt betrug das Handelsvolumen 12.652.000 Aktien. Aus aller Welt kamen nun Verkaufsgebote an die NYSE. Zu den größten Verlierern gehörten Auburn Automobile Co. mit Verlusten von 70 Dollar. General Electric, Westinghouse Electric und Allied Chemical gaben zwischen 20 und 45 Dollar ab. AT&T büßten 34 Dollar auf 232 Dollar ein. General Motors sank bis Mittag von 43,5 auf 37 Dollar, Radio Corp. sanken von 40 auf 29 Dollar. Columbia Gas verloren 22¼ Dollar, das war ein Einbruch um 24 Prozent. Columbia Carb. gaben sogar 60 Dollar ab, das entsprach einem

Tagesverlust von über 27 Prozent. Gegenüber dem Jahreshoch stellte das sogar ein Einbruch um über 45 Prozent dar. Utah Copper gaben ebenfalls 60 Dollar ab, das bedeutete ein Minus von rund 23 Prozent. Die Bank J. P. Morgan verlor an diesem Tag rund die Hälfte ihrer Börsenkapitalisierung.

In den letzten 50 Minuten kam es zur bis dahin schwersten Verkaufswelle, die von keiner Intervention gestoppt werden konnte. Der Abwärtstrend erfasste den gesamten Markt. Drei Minuten vor Handelsschluss stiegen U. S. Steel dann doch noch von 167 auf 175 und schlossen bei 174 Dollar. Die Ticker benötigten noch zwei Stunden, um den größten Kursverlust in der Geschichte der NYSE abzuarbeiten. Der Umsatz an der NYSE erreichte den Rekordwert von 16.389.000 Aktien. Im Freiverkehr der Curb Exchange wurden 7.096.300 Aktien gehandelt, das war ebenfalls ein Rekord. Dort blieb der Ticker zuletzt 135 Minuten zurück. Der Bondumsatz erreichte 26.916.300 Dollar. Der Tagesverlust wurde unmittelbar nach dem Crash auf 1.454.800.000 Dollar geschätzt.

Dies war der drittgrößte prozentuale Verlust des 20. Jahrhunderts an der Wall Street. Der DJIA fiel um 11,73 Prozent oder 30,57 Punkte auf einen Schlussstand von 230,07 Punkten.

Intraday-Kursverlauf einiger Werte am 29.10.1929 in USD

	Eröffnung	11:50 Uhr	13:00 Uhr	Schluss
Radio	30	29	32	38,5
GM	45,25	37	36,5	40
U. S. Steel	185,75	177	172	174
Nickel	30	31,25	34	30

Die Bankiers von Morgan und der National City tagten bis in den späten Abend in den Räumen von J. P. Morgan. Man sah zunächst keine realwirtschaftlichen Auswirkungen des Kursrutsches und diskutierte die Ursachen des Crashs. Als ein Grund wurde der für den nächsten Donnerstag erwarteten Bericht über die Höhe der Maklerdarlehen ausgemacht. Allerdings mussten diese ja nach der Verkaufswelle massiv zurückgegangen sein. Man hoffte, dass dadurch die Rediskontsätze gesenkt werden könnten. Und tatsächlich: Die Maklerdarlehen sanken um 1.096 Millionen Dollar auf 5.538 Millionen Dollar. Der Höchstwert wurde am 2. Oktober mit 6.804 Millionen Dollar erreicht.

Einige Banker sahen in dem Crash schließlich auch eine verdiente Lehre für die Privatanleger. Man kam letztlich zum Ergebnis, dass nun ein gutes Einstiegsniveau für langfristige Anleger erreicht sei. Im Weißen Haus brannte an diesem Abend noch lange Licht. Dort konferierten US-Präsident Hoover und Finanzminister Andrew William Mellon (1855-1927) über die Lage. Eine Krisensitzung hatte auch das Fed einberufen.

Rund um den Globus gerieten Börsen in den Sog der Wall Street. In Chicago fielen Bonds und Rohstoffe, in Toronto die Aktienkurse. Die Kaffee-Börse in Rio de Janeiro schloss für eine Woche; es gab keine Abnehmer mehr für Kaffee. Amsterdam, Paris und Berlin erlebten ebenfalls einen massiven Kursrutsch. In London war nur das außerbörsliche Geschäft betroffen, ansonsten hielt sich dort der Markt. Seit dem Hatry-Fall waren die Anleger in der City sehr vorsichtig geworden.

John D. Rockefeller (1839-1937), der reichste Mann der Welt, meldete sich am 30. Oktober zu Wort, ein äußerst seltenes Ereignis: »In der Überzeugung, dass die fundamentale Verfassung des Landes gesund ist und dass die Zerstörung von Werten, die in der letzten Woche an der Börse stattgefunden hat, durch nichts in der aktuellen Geschäftssituation gerechtfertigt ist, haben mein Sohn und ich in den letzten Tagen Aktien gekauft. Wir kaufen derzeit und werden auch weiterhin substanzielle Beträge kaufen, wenn wir glauben, dass das Niveau ein vernünftiges Investment darstellt.«

War Rockefeller der neue John P. Morgan, der jetzt die US-Wirtschaft retten würde? Immerhin war auch das Haus Morgan weiterhin aktiv. Thomas Lamont erklärte vor der Presse im Namen des Bankenkonsortiums, dass man die Stützungskäufe fortsetzen wolle. Die Banker waren überzeugt, dass die Panik nun vorüber sei und sich die Lage an der Wall Street bald normalisieren würde.

Das »Wall Street Journal« vermutete als Grund für die Panik die Menge und Geschwindigkeit, mit der in den vergangenen Monaten neue Papiere auf den Markt gekommen waren. Außerdem wurden viele Neuemissionen mit Vergünstigungen abgegeben. Deshalb genügte schon eine leichte Abschwächung des Geschäfts für die verheerenden Auswirkungen der letzten Tage. Diese Aussage sollte auch unverändert für die neuen Märkte in der Internet-Euphorie der späten 90er-Jahre des 20. Jahrhunderts gelten.

Mit ähnlichen Schlagzeilen wie das WSJ titelte auch die »The New York Times« und rechnete ihren Lesern vor, dass 16.410.030 Aktien gehandelt worden waren. Allein die 240 führenden Titel verloren nach Berechnungen der Zeitung seit Anfang Oktober 15.894.818.894 Dollar, das war 1/6, also rund 17 Prozent der gesamten Marktkapitalisierung von Anfang Oktober. Die tatsächlichen Verluste waren jedoch weitaus höher, da an der NYSE insgesamt 3.279 Aktien gelistet waren und der Kurseinbruch ja den gesamten Markt erfasst hatte. »The New York Times« schätzte die gesamten Verluste daher als zwei bis dreimal so hoch. Am schlimmsten traf es die 29 wichtigsten Versorgeraktien, die in Monatsfrist 3.125.734.327 Dollar einbüßten. Weil einige Aktien in den letzten 15 Handelsminuten des 29. Oktober bis zu 14 Punkte durch Käufe der Investment Trusts gewinnen konnten, war das Stimmungstief am Parkett scheinbar vorüber. Dies berichtete jedenfalls die Zeitung. Gerüchte, die Börse bliebe am heutigen Handelstag ganz geschlossen, wurden vom Börsenvorstand umgehend dementiert.

Im freien Fall

Bei Markteröffnung am 30. Oktober zeigte sich die Situation am Parkett dann etwas beruhigt. Vor allem Investmentbanken deckten sich in der verkürzten Sitzung mit günstigen Papieren ein. Auch die Rockefellers traten wie angekündigt als Käufer im großen Stil auf. Weitere bedeutende Investoren schlossen sich an. Die guten Zahlen von U. S. Steel und American Can Co. stützten den gesamten Markt. U. S. Steel starteten bei 178,5 Dollar, konnten bis 11 Uhr auf 181,5 Dollar zulegen und bis Mittag war die Marke von 185 Dollar erreicht. Das Unternehmen hatte bekannt gegeben, dass der Reingewinn im dritten Quartal mit 53,4 Millionen US-Dollar weit über dem des Vorjahreszeitraumes lag. Zuzüglich zur regulären Quartalsdividende von 1,75 Dollar sollten die Besitzer von Stammaktien eine Sonderdividende von einem Dollar pro Aktie erhalten. In der ersten halben Stunde wechselten 1.945.900 Aktien den Besitzer. Tags zuvor waren es im gleichen Zeitraum noch 3.250.800 Aktien. Die Panik war also deutlich zurückgegangen – oder war es die Starre nach dem Schock?

Die Papiere der Radio Corp. eröffneten mit 39 Dollar und stiegen bis 11 Uhr auf 41,5 Dollar, um 12 Uhr notierten sie bei 40,875 Dollar. GM eröffneten mit 40,25 Dollar und lagen um 11 Uhr bei 42,5 Dollar. Eine Stunde später notierte der Autokonzern bei 44 Dollar. International Nickel gingen bei 33 Dollar in den Handel, fielen bis 11 Uhr leicht zurück auf 32,875 Dollar und erholten sich bis 12 Uhr auf 40,25 Dollar. Den größten Kursprung verzeichnete AT&T, die bis 12 Uhr um 26 Dollar zulegten. Viele Händler glaubten, das Schlimmste sei nun definitiv vorüber. Die positive Stimmung am Parkett übertrug sich auch auf die Kunden, die massenweise in die Maklerbüros strömten, um ihre Verkaufsaufträge zu annullieren.

Am 30. Oktober gewann der DJIA bei einem Umsatz von rund 10.700.000 Aktien im Tagesverlauf 28,40 Punkte oder 12,34 Prozent und schloss auf 258,47 Punkten. Es war der zweitgrößte prozentuale Gewinn des Jahrhunderts.

Am 31. Oktober mussten viele Makler und Broker ihre Bücher abschließen und am besten noch ein wenig Window Dressing, also Bilanz-Kosmetik, betreiben. Es war daher zu erwarten, dass viele Positionen an der Börse glattgestellt würden. Eine gewisse Hoffnung auf steigende Kurse zum Monatsende blieb also. Um 9 Uhr kam die Meldung, dass die Bank of England die Diskontrate gesenkt hatte. Ausländische Investment Trusts zogen daraufhin ihre Gelder von der Wall Street ab. Bei der Eröffnung um 12 Uhr wurden sofort Pakete zwischen 10.000 und sogar 70.000 Stück gehandelt. Über Nacht hatten sich so viele Kauforders angehäuft, dass es mehrere hektische Minuten dauerte, bis die Makler einen fairen Preis bestimmen konnten. Im Mittelpunkt des Interesses standen viele Werte, die in den letzten Tagen unter Druck geraten waren. Vor allem institutionelle Anleger deckten sich ein. Auburn Automobil Co. legten um 75 Dollar zu. Es sprach sich am Parkett herum, dass Investment Trusts am Mittwoch für rund 500.000.000 Dollar Aktien gekauft haben sollen. Es wurde auch gemunkelt, dass Finanzminister Mellon, der selbst im Management eines Aluminium-Konzerns saß, zu den größten Verlierern des Crashs gehöre. Die American Tobacco Co. gab an diesem Tag bekannt, ihren Aktionären eine Extra-Dividende von 2 Dollar pro Stammaktie zu zahlen. Radio legten nach einem Kauf von 30.000 Stück um 5 3/8 auf 51,25 Dollar zu. Columbia Gas kletterten nach einer Order über 10.000 Titel um 11 Dollar. AT&T legten 9 Dollar zu und International Nickel um 11 Dollar. Nach einer halben Stunde setzten bereits wieder Gewinnmitnahmen ein. Der Ticker war nach einer Handelsstunde bereits um 40 Minuten zurück und kam mehrfach für rund eine Stunde in Verzug. Es wurden an diesem Tag 7.149.000 Aktien gehandelt; das war der drittgrößte Umsatz bis dahin. Auch an der Curb häuften sich die Kauforders. Standard Power and Light legten um 77 Dollar zu. Humble Oil notierte mit einem Plus von 42 Dollar, Gulf Oil endete 22 Dollar höher. Cities Service stiegen nach einer Order über 70.000 Aktien um 12 Dollar.

In der letzten Oktoberwoche 1929 wurden an der NYSE 43.500.000 Aktien gehandelt, an der Curb Exchange noch einmal 17 Millionen Stück. Der Gesamtverlust wurde mit 71.752.650.908 Dollar beziffert – das entsprach rund 70 Prozent des BIP der USA von 1928! Der Durchschnittspreis der Aktien war von 83,05 auf 64,62 Dollar gefallen. Im ganzen Oktober wechselten an der NYSE 141,5 Millionen Aktien den Inhaber; ein Jahr zuvor waren es nur 99 Millionen, im Oktober 1927 sogar nur 50 Millionen Stück. Die Bondumsätze stiegen in den letzten beiden Oktoberwochen von 48 Millionen auf 88 Millionen pro Woche.

Am 28. Oktober verlor der DJIA 38,88 Punkte oder 12,8 Prozent und einen Tag später, am 29. Oktober, waren es 30,57 Punkte oder 11,7 Prozent. Bis 1987 waren dies die schlimmsten Tage in der Geschichte der Wall Street. Am 19. Oktober 1987 verlor der DJIA 508 Punkte oder 22,6 Prozent. Das war prozentual der größte Tagesverlust des wichtigsten Börsenindex der Welt im 20. Jahrhundert.

Erstaunlich dabei: Viele Aktien notierten nach dem Crash 1929 deutlich höher als zwei Jahre zuvor. Die Verluste entsprachen zunächst in etwa den gesamten Gewinnen des Jahres. Der DJIA hatte in nur sechs Tagen 96 Punkte oder 30 Prozent seines Wertes verloren.

	Ende Oktober 1927	Ende Oktober 1929	Veränderung in Prozent
Canadian Pacific	191	215	12,57
New York Central	161	204	26,71
Anaconda Copper	46	100	117,39
U. S. Steel	139	193,25	39,03
General Motors	131	48 (ex Wechsel der Titel)*	-8,40

*Am 13.12. 1928 wurde die Aktie im Verhältnis 2,5:1 gesplittet.
Alle Kurse in US-Dollar.

Die Dividendenzahlungen waren im Oktober ebenfalls rekordverdächtig. Bis zum 15. Oktober zahlten US-Unternehmen rund 300 Millionen Dollar an Dividenden und Zinsen an ihre Investoren aus. Im gesamten Oktober waren es 740 Millionen Dollar (Vorjahr: 570 Millionen Dollar), im November nochmals 400 Millionen Dollar. Allein AT&T schüttete Dividenden in Höhe von 30 Millionen Dollar aus. Diese Ausschüttungen milderten die Verluste der Anleger.

Zu den Verlierern des Crashs gehörten vor allem jene Anleger, die erst seit wenigen Monaten an der Börse engagiert waren und die dabei auch noch einen Broker Loan zur Finanzierung der Aktien in Anspruch genommen hatten. Fatal war es dann für sie, wenn der aufgenommene Kredit so hoch bemessen war, dass ein Margin Call existenzbedrohende Konsequenzen haben konnte. Viele Spekulanten erfuhren zum ersten Mal, was es bedeute, in ein High-Risk-Investment zu gehen.

Lamonts Beruhigungspillen

Am ersten Handelstag im November wurden in nur drei Stunden rund 7.000.000 Aktien umgesetzt. Kauforders kamen nicht nur aus allen Teilen des Landes, sondern auch aus dem Ausland. Einige Werte legten bis zu 40 Dollar zu. Der Diskontsatz wurde auf fünf Prozent gesenkt. Thomas Lamont sagte gegenüber der Presse in gespielter Ahnungslosigkeit, er betrachte die Lage nach dem letzten Donnerstag, also dem 31. Oktober, wieder als völlig normal. Das Bankenkonsortium plane deshalb keine weiteren Sitzungen mehr. Einen Tag später kam die Meldung, dass der Bankkonzern Foshay and Co. in Minneapolis, MN, mit einem Aktienkapital von 20 Millionen US-Dollar zusammengebrochen war. Tausende Aktionäre, meist eingewanderte Landwirte im Mittleren Westen, erlitten einen Totalausfall.

Die Gouverneure der New York Stock Exchange beschlossen am 4. November, in dieser Woche den Handel nur am Mittwoch, Donnerstag und Freitag jeweils von 10 bis 13 Uhr zu eröffnen. Aufgrund der anstehenden Gemeindewahlen blieb die Börse dienstags ganz geschlossen. In der ersten halben Stunde nach der Eröffnung wurden Pakete zwischen 1.000 und 5.000 Stück umgesetzt. Die Makler waren nervös, weil immer noch derart große Verkaufsorders einliefen. Allerdings stieg auch die Zahl der Kaufaufträge. In nur 30 Minuten wurden 2.038.000 Aktien umgesetzt; es war die drittstärkste Eröffnung in der Geschichte der NYSE. Fast sämtliche Werte notierten zur Eröffnung unter ihren Schlusskursen. Radio Corp. eröffnete bei 35 Dollar, also 8 Dollar unter dem Vortagesschluss, das entsprach einem Einbruch um 18,6 Prozent. GM notierten mit 46 Dollar um 3 Dollar unter dem Schlusskurs. U. S. Steel gingen mit 185 Dollar in den Handel, 8,25 Dollar niedriger als noch am Vorabend. Die Aktie stieg in der ersten Stunde auf 190 Dollar und pendelte in der Folge zwischen 185¼ Dollar, dann wieder bei 191, 186 und 183 Dollar. Insgesamt wurden an diesem Tag 6.203.000 Aktien gehandelt.

Am nächsten Tag zeigte sich die Börse erneut sehr volatil. Viele Kurse notierten noch niedriger als am 28. Oktober. Die Stimmung der Börsianer wurde zusehends pessimistischer. Lamonts letzter Presseauftritt wurde Lügen gestraft. Der Satz für Callgeld wurde mit sechs Prozent angegeben, der Tagesumsatz betrug 6.202.930 Aktien. Nur einen Tag später wurde bekannt, dass der Investment Trust Bankers Capital Corp. durch die Kursstürze der Börse in Schwierigkeiten geraten war. Der Grund dafür waren große Kreditverpflichtungen, die der Trust nun nicht zurückzahlen konnte. Die Pennroad Co., eine Holding der Pennsylvania Railway, übernahm in diesen Tagen die Pittsburg and West Virginia Railroad. Standard Oil übernahm 50 Prozent der Panamerica Petroleum and Transport Co. Wie immer in solchen Situationen galt auch hier der Satz »Cash is King«; denn jetzt war die Zeit der Schnäppchenjäger – und wer konnte, der ging auf Einkaufstour.

In der ersten halben Stunde des 6. November, dem Mittwoch nach den Bürgermeisterwahlen in New York, wurden 1.157.000 Aktien gehandelt. Nach drei Stunden, um 13 Uhr, hatten schließlich 5.914.000 Aktien den Besitzer gewechselt. Der Ticker war rund 40 Minuten mit den Kursnotierungen im Verzug. GM fielen im Handel um 4,75 Dollar, Auburn Automobile sogar um 66 Dollar, U. S. Steel fiel bis auf 165 Dollar. Als Hauptgrund für den allgemeinen Kursrutsch wurde der erneute Rückgang der Broker Loans genannt. Man rechnete mit weiteren Verkäufen, bis die Banken ihre offenen Loans ausreichend reduziert hätten. Wiederum wurden viele Depots zwangsliquidiert. Negativ bemerkbar machte sich auch, dass die Auftragseingänge der Stahlindustrie nach neuesten Meldungen zurückgegangen waren. »The Financial Times« nannte als

Hauptgrund für den Bullenmarkt der vergangenen Monate die hohen Zinsen für Call Money. Da aber die Sätze für Call Money von nur noch sechs Prozent nun für die meisten Investoren unattraktiv waren, rechneten die Journalisten der Finanzzeitung mit weiterhin sinkenden Märkten.

Mit einem Einbruch um 9,92 Prozent beziehungsweise um 25,55 auf 232,13 Punkte verzeichnete der Dow Jones seinen viertgrößten prozentualen Verlust des Jahrhunderts. An diesem Novembertag mussten auch die Anleger an der Curb Exchange besonders schwere Rückschläge hinnehmen. Dort wurden während der verkürzten Handelszeit 2.132.030 Aktien umgesetzt. Cities Services verloren bei einem Umsatz von 300.000 Aktien 9,125 Dollar. American Light and Power kündigte eine Dividende von 10 Cent pro Aktie an. Doch diese positive Meldung verhallte ohne stützende Wirkung auf die Märkte.

Am nächsten Morgen gingen die Aktien von U. S. Steel mit 162 Dollar in den Handel und gaben schnell weitere 10 Dollar ab. National City Bank fielen sogar um 50 Dollar. Auch First National verzeichneten große Verluste. In nur 30 Minuten fielen einige Werte auf neue historische Tiefststände. U. S. Steel erholten sich überraschend schnell, nachdem große Kauforders für den Titel eingegangen waren. Um 12 Uhr notierten U. S. Steel wieder bei 173 Dollar. Radio Corp. gingen mit 41,5 Dollar in den Handel und schlossen bei 32,5 Dollar. 7.848.000 Aktien wurden an diesem Tag umgesetzt. Der Satz für Callgeld blieb bei sechs Prozent. Sollte »The Financial Times« recht behalten und der Kursrutsch noch weitergehen?

Gerüchte über Selbstmorde insolventer Investoren kursierten inzwischen an der Wall Street. Zwei Männer sollen Hand in Hand aus einer der oberen Etagen des Ritz-Hotels in den Tod gesprungen sein. Man erzählte sich, sie hätten ein gemeinsames Konto besessen.

Rockefeller ließ – wie angekündigt – Mitte November eine Million Standard-Oil-Aktien über das Bankhaus Holm zum Preis von 50 Dollar pro Stück zurückkaufen, um den Kursverfall zu stützen. John D. Rockefeller besaß ein Vermögen, das etwa 1,53 Prozent des damaligen Bruttoinlandsproduktes (BIP) der USA entsprach.[31]

Am 14. November 1929 kletterte der DJIA um 9,6 Prozent oder 18,59 Punkte auf einen Schlussstand von 217,58 Punkten. Doch das sollte nur ein Strohfeuer sein. Insgesamt ging der Trend weiter bergab.

Das Gespenst der Rezession

Der konjunkturelle Niedergang zeichnete sich nun ab, denn auch das Zugpferd der US-Industrie schien zu lahmen. Die Automobilnachfrage ging massiv zurück: Rund 500.000 Autos blieben bei den Händlern stehen. Die Folge war, dass die Kautschukpreise einbrachen und die Reifenindustrie in eine Krise geriet. Goodyear als weltgrößter Reifenhersteller beschloss daher bereits Mitte Oktober, die Großhandelspreise um zwei Prozent anzuheben. Für die Verbraucher sollten die Gummi-Erzeugnisse so um bis zu zwölf Prozent teurer werden. Doch die Konsumenten hielten sich zurück. Finanzminister Mellon gab

---

[31] Selbst *Microsoft*-Gründer Bill Gates erreichte im Mai 2000 mit einem Vermögen von 58,4 Milliarden US-Dollar nur etwa 0,75 Prozent des vergleichbaren US-Bruttoinlandsproduktes. Gates liegt damit deutlich hinter Cornelius Vanderbilt der 1,12 Prozent des US-BIP erzielte, und auch hinter dem Handelsmagnaten John Jacob Astor (1763-1848), der es immerhin noch auf 0,93 Prozent brachte. Gates rangiert in diesem Vergleich jedoch vor dem Stahlbaron Andrew Carnegie (1835-1919), der 0,60 Prozent des US-BIP besaß.

bekannt, dass der Kongress über ein Konjunkturprogramm mit einem Volumen von rund 200 Millionen US-Dollar diskutieren wolle. Er war auch darüber beunruhigt, dass zum ersten Mal seit 1909 die Spareinlagen in den USA sanken.

Manche Investoren ließen sich von der gedrückten Stimmung am Parkett nicht anstecken und betrieben munter weiter dubiose Geschäfte, wie etwa der schon bekannte Mr. Wiggin. Am 11. Dezember ging er wieder short in Chase-Aktien und übertrug das Paket, das wiederum 42.506 Aktien umfasste, an die von ihm kontrollierte Murlyn Corporation. Seine Shermar Corporation und sogar die Chase Manhattan finanzierten diesen Deal über 6.588.430 Dollar. Wiggin kassierte durch diese Transaktion die stolze Summe von 4.008.538 Dollar.

Mr. Wiggin wurde im Jahre 1932 mit einem lebenslangen Jahressalär in Höhe von 100.000 Dollar bei der Chase verabschiedet. Erst dann befasste sich ein Senats-Committee mit seinen Geschäften. Die Untersuchung blieb aber ohne nennenswerte Konsequenzen.

Weniger Glück hatte Charles Mitchell. Der Kurs seiner National City Bank sank permanent weiter, bis auf etwa 200 Dollar. Die geplante Übernahme der Corn Exchange Bank war damit gescheitert. Dafür hatte die National City bei J. P. Morgan einen offenen Kredit über zwölf Millionen Dollar. Mitchell hatte nun eine wahre Pechsträhne. Eine unglückliche Transaktion mit Aktien der National City Bank brachte ihn juristisch in Bedrängnis. Die Staatsanwaltschaft sah darin ein Steuervergehen und verhaftete den Banker am 21. März 1931. Am 22. Juni sprach ihn die Jury allerdings in allen Punkten frei.

Aktionäre mussten während der folgenden schweren Rezession viele Rückschläge hinnehmen. Es gab kaum Gewinner am Parkett – nur der ewige Krisenwert Gold triumphierte wieder. Wer im Oktober 1928 Aktien der Goldminengesellschaft Homestake

Mining zu 80 Dollar kaufte, konnte sie zum Ende der Rezession im Dezember 1935 für 495 Dollar verkaufen. Der Absturz der Blue Chips ging jedoch weiter.

Am 8. Juli 1932 notierte der DJIA bei nur noch 41,22 Punkten. Der Index hatte damit rund 90 Prozent gegenüber seinem Höchststand vom 3. September 1929 verloren. An diesem Tag erreichte der Dow den niedrigsten Stand für den Rest des Jahrhunderts – das war aus der Sicht der Börse der Wendepunkt aus der Rezession. Es dauerte jedoch bis zum Jahr 1954, bis der DJIA wieder über 381 Punkten schloss. Doch darf man nicht vergessen, dass viele der 1929 hochgejubelten Firmen im Jahr 1954 gar nicht mehr existierten (etwa Auburn Automobile) oder dass sie inzwischen bedeutungslos waren und der DJIA inzwischen eine ganz andere Zusammensetzung hatte.

Nach 1954 waren wieder die Bullen am Markt dominant. Bereits am 12. März 1956 schloss der DJIA erstmals über der Marke von 500 Punkten, nämlich bei exakt 500,24 Punkten.

Crash und Krise

Ein Blick auf den DJIA zeigt, dass sich der Index bereits seit einiger Zeit vor dem 29. Oktober in einem Abwärtstrend befand. Alle Kursbewegungen vollzogen sich dabei in einem recht engen Intervall. Nur am 29. Oktober durchbrach der DJIA massiv diesen Korridor nach unten. Besonders deutlich wird der Durchbruch nach unten, wenn man die Veränderung der Handelsvolumen ebenfalls betrachtet, die in unten stehender Grafik auf der linken Achse abgetragen sind, während die rechte Achse den Punktestand des als Candlestick-Chart dargestellten DJIA zeigt.

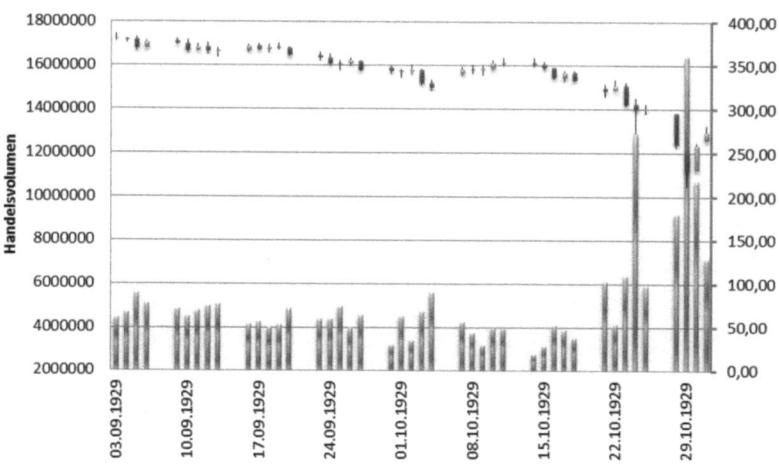

DJIA - Candlestick-Chart mit Volumen

Auch der Railroad Index, der DJRA, befand sich bereits seit einiger Zeit im Abwärtstrend. Nach der Dow-Theorie ist ein klares Rezessionssignal vorhanden, wenn sowohl der DJIA als auch der DJRA nach unten zeigen. Dieses Signal war bereits im September 1929 eindeutig gegeben; die Krise war im Oktober 1929 also bereits da.

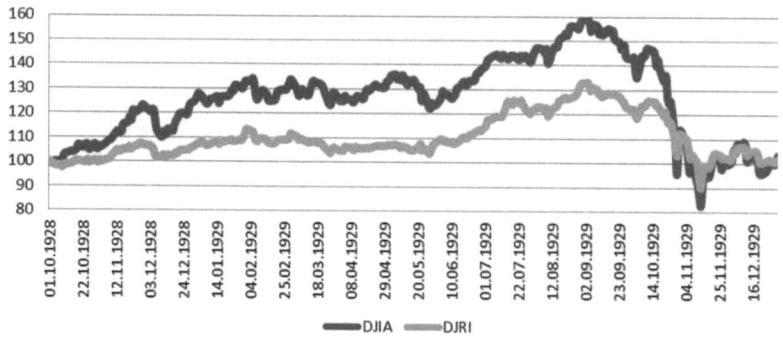

Dow Jones Industrial Average und Dow Jones Railroad Index vom 1.10.1928 bis 31.12.1929 (indexiert)

Ende Oktober kam es dann zu einer unheilvollen Konstellation. Die Börsianer wussten, dass die Broker Loans in den letzten Wochen massiv gestiegen waren. Zum Monatsende empfahl es sich also, einige Positionen in den Büchern der Investmentgesellschaften zu bereinigen. Da Anfang November die Gemeindewahlen stattfanden und dann die Börse zeitweise geschlossen bleiben sollte, blieben nur wenige Handelstage, um die eigenen Depots zu bereinigen. Mit größeren Verkäufen musste also in der letzten Oktoberwoche gerechnet werden. Aber niemand konnte ahnen, welches Ausmaß die Verkaufswellen annehmen würde. Diese wurden durch die Zwangsliquidation von auf Broker Loans gekauften Depots verstärkt. Die durch Margin Calls und Desinformation steigenden Umsätze drückten den Leitindex. Phasen des Umsatzrückganges waren mit geringeren Zwangsliquidationen und besseren Kursinformationen verbunden. Zwischenzeitlich nutzten Schnäppchenjäger Kursschwächen, um wieder zu kaufen. So gab es Phasen, in denen es mehr Kauf- als Verkaufsaufträge gab, was wiederum den Index stützte.

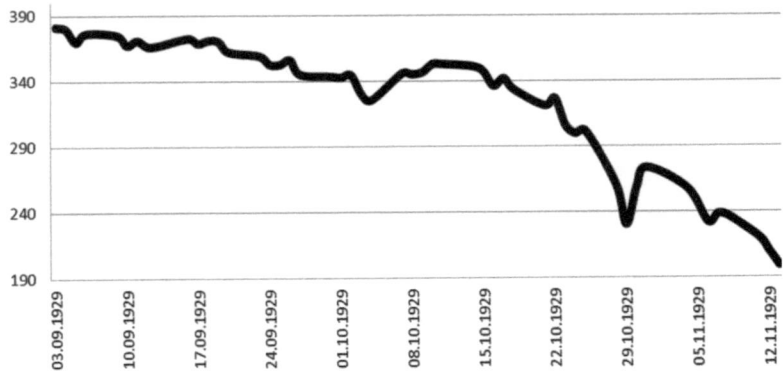

Dow Jones Industrial Average
vom 3.9.1929 bis 13.11.1929
(adj. Close)

Parallelen zum Kursrutsch von 1987 sind offensichtlich: Der Crash von 1929 wurde durch unzureichende Technik noch verschärft. Die Verzögerungen bei der Kursnotierung durch den Ticker erhöhten die Unsicherheit der Marktteilnehmer und dadurch stieg wiederum die Volatilität am Markt. Ein ähnliches Phänomen war auch beim Crash 1987 zu beobachten, als automatische Verkaufsprogramme den Markt unkontrolliert in die Verlustzone brachten, Broker Telefone nicht mehr abnahmen und Orders nicht mehr exekutierten oder gar nicht mehr ausführen konnten. Nach den Ereignissen von 1987 wurden an der Wall Street verschiedene Circuit Breakers eingeführt, um solche Verkaufsprogramme zu unterbrechen. Damit wollte man solche Automatismen reduzieren. Allerdings können Aktien durch High-Speed-Trading-Programme heute so schnell gehandelt werden, dass diese Circuit Breaker in ihrer Wirkung stark gemindert sind.

Der Crash von 1929 ist auch gesamtwirtschaftlich zu sehen. Die Leitindustrien Landwirtschaft und Automobilbau samt ihren Zulieferern befanden sich bereits im Sommer in einer Absatzkrise, die Massenentlassungen als Konsequenz nach sich ziehen mussten. Auch dies ist ein typisches Phänomen einer Transformationsökonomie. Angesichts drohender Arbeitslosigkeit – und das in einem System ohne besondere soziale Netze – war es besonders verhängnisvoll, dass viele private Haushalte bereits verschuldet waren. Das Erfolgsmodell »T« von Ford verdankte seine gigantischen Verkaufszahlen in diesen Jahren vor allem der Möglichkeit des Ratenkaufs. Trotz trüber Aussichten blieb die Bereitschaft zu weiterer Verschuldung hoch. Der Kauf auf Pump war bequem, und so war es auch beim Investment in Aktien nur normal, trotz beschränktem Budget bei einem vermeintlich lukrativen Investment mit Hilfe eines Broker Loans zuzugreifen.

Der Börsen-Crash hat sicherlich die bereits vorhandene Krise noch verstärkt. Dieser Zusammenhang lässt sich mit der Quantitätsgleichung erhellen: $Y=M\bullet v\bullet P$. Die Gleichung besagt, dass das (Netto-)Inlandsprodukt (Y) dem Produkt aus der Geldmenge (M), der Umlaufgeschwindigkeit des Geldes (v) und dem allgemeinen Preisniveau (P) entspricht.

Sie geht übrigens auf Irving Fisher zurück, der beim Crash selbst viel Geld verlor. Die Monetaristen gehen davon aus, dass v immer konstant ist und dass das Wirtschaftswachstum somit über die Geldmenge gesteuert werden kann. Dies gilt aber nicht für den Herbst 1929: P und M hatten sich gegenüber dem Vorjahr nur wenig verändert. Als nach dem Crash allerdings die Börsenumsätze einbrachen und sowohl der Konsum als auch die Investitionen rückläufig waren und dadurch das Inlandsprodukt Y sank, musste v ebenfalls gesunken sein. Dadurch bildete sich eine Art Circulus vitiosus, der über ein sinkendes Preisniveau und weiter schrumpfendes v die US-Wirtschaft immer tiefer in die Konjunkturkrise führte. Eine Konjunktursteuerung nur über die Geldmenge, wie sie die Monetaristen der 1980er-Jahre verfochten, hätte hier allein noch keinen Aufschwung bewirkt; dazu war auch die Dimension des Konjunktureinbruches Ende 1929 zu groß.

In Jahresfrist sank das BIP der USA um rund zehn Prozent. Die Industrieproduktion brach ein und mit der rapide ansteigenden Arbeitslosigkeit sank das Pro-Kopf-Einkommen drastisch. Die Verzweiflung führte dazu, dass die verarmten Massen sich in den Großstädten immer gewaltsame Auseinandersetzungen mit Polizei und Militär lieferten. Die Weltwirtschaftskrise führte auch in Deutschland zu so vielen Konkursen, dass beispielsweise die Bremer Börse von Mitte Juli 1931 bis Ende Februar 1932 geschlossen bleiben musste. Die Zahl der Arbeitslosen stieg im Jahr 1931 in Europa auf 25 Millionen. In New York fiel der Dow Jones Index bis zum 8. Juli 1932 auf einen Stand von 41,22

Punkten, was rund 89,2 Prozent unter dem vorigen Höchststand vom September 1929 war. In den USA betrug die Arbeitslosenzahl 1933 rund 15 Millionen, was einer Arbeitslosenquote von rund 50 Prozent entsprach. Hunger und Elend forderten auf beiden Seiten des Atlantiks hohe Opferzahlen. Erst im Kriegsjahr 1941 erreichte das US-BIP wieder das Niveau von 1929.

Was Anleger aus dem Crash von 1929 lernen können

→ Eine Diversifikation der Anlagen hat sich auch in dieser Situation bewährt, vor allem dann, wenn die einzelnen Investments geringe Korrelationen zueinander aufweisen. Auto-, Gummi- und Ölindustrie sind beispielsweise sehr stark voneinander abhängig. Während Aktien dieser Branchen nach dem Crash im Gleichtakt sanken, konnten sich von solchen Abhängigkeiten freie Goldminen-Aktien positiv entwickeln. Diese so genannte naive Diversifikation muss keinesfalls einer Portfolio-Zusammensetzung unterlegen sein, die auf der Portfolio-Theorie von Markowitz (s. o.) basiert. Gerade der Kursrutsch an der Wende zum 21. Jahrhundert hat gezeigt, dass eine auf historischen statistischen Daten beruhende Portfolio-Zusammensetzung (also etwa nach dem Capital Asset Pricing Model, CAPM) nur bedingt vor massiven Verlusten schützt: Das Platzen der Internet-Bubble hat nämlich offenbart, dass Fonds von professionellen Anbietern den Depots von privaten Anlegern nicht überlegen sein müssen. Fonds bieten aber in jedem Fall eine kostengünstige Möglichkeit der Diversifikation. Eine qualitativ bessere Anlage-Entscheidung bedarf aber zusätzlich noch ausgereifter

Prognoseverfahren über die künftige Kursentwicklung – und hier liegt derzeit die Schwierigkeit.

→ Fest steht in jedem Fall: Qualitativ hochwertige Bonds sind Aktien dubioser Gesellschaften immer vorzuziehen. Convertibles bieten aber als ausgewogenes Anlage-Instrument eine einfache Möglichkeit zur Risiko-Optimierung.

→ Aktienkauf auf Kredit – oder technischer ausgedrückt: eine Operation mit hohem Leverage – sollte nur in Ausnahmefällen getätigt werden und dann i. d. R. langfristig angelegt sein; außerdem darf eine sofortige Ablösung des Kredits nie existenzgefährdend sein.

→ Gewinnmitnahmen bei Erträgen, die sämtliche Transaktionskosten übersteigen, sind grundsätzlich empfehlenswert. Dies gilt besonders dann, wenn sich Warnzeichen häufen:
- der mit besonderer Inbrunst verkündete Optimismus mancher Marktteilnehmer
- steigende Volatilitäten
- Verfallstage zum Quartalsende mit hohen Umsätzen und Kursschwankungen.

→ Missmanagement und betrügerische Transaktionen sind leider nie auszuschließen. Selbst Blue Chips sind davon nicht befreit. Ein langfristiges Investment sollte auch unter diesem Aspekt geprüft werden. Jeder Aktionär sollte die Möglichkeit eines Konkurses einkalkulieren – es gibt kein »to big to fail«.

→ Spekulationsblasen an Aktienmärkten folgen nach neueren Untersuchungen einem ähnlichen Muster. Nach etwa fünf Jahren kontinuierlichen Aufschwungs droht häufig ein Einbruch, und der Kursverlauf an der Börse gehorcht anschließend einem Muster, das prinzipiell einer gedämpften Schwingung, die einem langfristigen Trend folgt, gleicht. Etwa so stellte sich der Verlauf des DJIA in den Jahren 1925 bis 1935 dar, und auch der NASDAQ folgte in den Jahren

1995 bis 2002 diesem Ablauf. Ein Blick auf die Kursentwicklung des DJIA von Januar 1929 bis Anfang Oktober 1929 zeigt nochmals eindrücklich den dramatischen Verlauf des Börsengeschehens. Nach einem fulminanten Anstieg ab Ende Mai 1929 folgte der brutale Kursrutsch, der viele Kursgewinne wieder zu Nichte machte und den Auftakt zur langen Baisse während der Great Depression bildete.

DJIA - Januar 1928 bis Oktober 1929

Quellen

Hinweise auf Einzelquellen hätten die Darstellung unangemessen überfrachtet und die Lesbarkeit erheblich erschwert. Die biographischen Angaben sind hauptsächlich *Garraty, J.A./ Carnes, M.C. (Gen. Ed.): American National Biography; New York et al. 1999* entnommen. Die Kursdaten stammen aus den aufgeführten Tageszeitungen. Zur leichteren Lesbarkeit wurden sie in Dezimalschreibweise wiedergegeben. Wichtige Quellen im Internet waren einige Artikel von Brian Thumbmore auf www.StocksandNews.com, die Homepage der NYSE (www. nyse.com) und von Dow Jones (www.dj.com), davemanuel.com, dowjonesdata.blogspot.com, Yahoo.com sowie Wikipedia. Alle Grafiken stammen vom Autor.

Albert, Pierre:
   Histoire de la Presse, Paris 2004.
Bachmann, Heinrich:
   Die Effektenspekulation, Bern 1898.
Bernhard, Georg:
   Die Börse – Ihre Geschichte ..., Berlin o. J.
Bremer Wertpapierbörse:
   300 Jahre Bremer Börsenwesen 1682/1982, Bremen 1982.
Cameron, Rondo, Neal, Larry:
   A concise economic history of the world, Oxford et al.
   2003.
d'Hericourt, Charles:
   La Révolution 1789-1882, Paris 1883.
Galbraith, Kenneth:
   The Great Crash 1929, New York 1997.
Garraty, J.A./Carnes, M.C. (Gen. Ed.):
   American National Biography, New York et al. 1999.

Germanicus:
Der zweite Pariser Krach, Leipzig 1883.

Hausheer, Hans:
Wirtschaftsgeschichte der Neuzeit, Weimar 1955.

Haydn's Dictionary of Dates, New York 1893.

Hobsbawn, Eric:
The Age of Capital, London 1998.

Klein, Gottfried:
Vierhundert Jahre Hamburger Börse 1558 bis 1958,
Hamburg 1958.

Lacroix, Paul:
XVIIIme Siècle, Institutions ..., Paris 1885.

Le Goff; Jacques:
Marchands et Banquiers du Moyen-Âge, Paris 2006.

Mackay, Charles:
Extraordinary Popular Delusions and the Madness of
Crowds, Ware 1995.

Mottram, R. H.:
Die Finanzspekulation, Leipzig 1932.

Neidlinger, Karl:
Studien zur Geschichte der deutschen
Effektenspekulation von ihren Anfängen bis zum Beginn
der Eisenbahnspekulation, Jena 1930.

NZZ. Zürich 1929.

Ries, Hans:
Zwischen Hausse und Baisse, Stuttgart 1987.

Olszak, Norbert:
Histoire des banques centrals, Paris 1998.

Orbell, John:
Baring Brothers & Co., Limited. A History to 1939,
London 1985.

Roehner, Bertrand M.:
Patterns of Speculation, Cambridge 2002.

Rosenberg, Hans:
Die Weltwirtschaftskrise 1857-1859, Göttingen 1974.
Sharpe, William et al.:
Investments, New Jersey 1999.
Schmid, Hans Rudolf; Meier, Richard T.:
Die Geschichte der Zürcher Börse, Zürich 1977.
Schwarz, Fritz:
Segen und Fluch des Geldes in der Geschichte der Völker, Bern 1925.
Tages-Anzeiger, Zürich 1929.
The Financial Times, London 1929.
The Wall Street Journal, New York 1929.
Turin, Michel:
La planète bourse, Paris 1993.
Wagemann, Ernst:
Einführung in die Konjunkturanalyse, Leipzig 1929.

Bücher für Entdecker

Books on Demand bietet Autoren ein neues Verlagskonzept. Viele Debütanten, etablierte Autoren und engagierte Verleger nutzen den Publikationsservice von Books on Demand und bereichern den Buchmarkt mit interessanten und außergewöhnlichen Titeln. Vito von Eichborn, einer der innovativsten Buchmacher Deutschlands, wählt als Herausgeber für die Edition BoD herausragende Neuerscheinungen aus. Lesen Sie selbst, welche Entdeckungen das Programm von Books on Demand möglich macht.

Mehr Infos auch auf www.bod.de.

Bibliografische Information der Deutschen Bibliothek:
Die Deutsche Bibliothek verzeichnet diese Publikation in der Deutschen Nationalbibliografie; detaillierte Daten sind im Internet über <http://dnb.ddb.de> abrufbar.

© 2012 Carsten Priebe
2., überarbeitete und ergänzte Auflage von »Der Börsen-Crash 1929«
Alle Rechte vorbehalten.

Satz, Umschlagdesign, Herstellung und Verlag:
Books on Demand GmbH, Norderstedt

ISBN: 978-3-8423-9118-5